SpringerWienNewYork

CONSEQUENCE BOOK SERIES ON FRESH ARCHITECTURE
VOL. 6

HERAUSGEGEBEN VON / EDITED BY
iCP - INSTITUTE FOR CULTURAL POLICY

OBJECTILE
PATRICK BEAUCÉ + BERNARD CACHE

FAST-WOOD: A BROUILLON PROJECT

SpringerWien NewYork

iCP – Institute for Cultural Policy

Leitung / Direction:
Patrick Ehrhardt
Wolfgang Fiel

Öffentlichkeitsarbeit / Public relations:
Andrea Möller, Hamburg

www.i-c-p.org

Das Werk ist urheberrechtlich geschützt.
Die dadurch begründeten Rechte, insbesondere die der Übersetzung, des Nachdruckes, der Entnahme von Abbildungen, der Funksendung, der Wiedergabe auf photomechanischem oder ähnlichem Wege und der Speicherung in Datenverarbeitungsanlagen, bleiben, auch bei nur auszugsweiser Verwertung, vorbehalten.

This work is subject to copyright.
All rights are reserved, wheter the whole or part of the material is concerned, specifically those of translation, re-printing, re-use of illustrations, broadcasting, reproduction by photocoping machines or similar means, and storage in data banks.

© 2007 Springer-Verlag/Wien
Printed in Austria
SpringerWienNewYork is a part of
Springer Science+Business Media
springer.com

Die Wiedergabe von Gebrauchsnamen, Handelsnamen, Warenbezeichnungen usw. in diesem Buch berechtigt auch ohne besondere Kennzeichnung nicht zu der Annahme, dass solche Namen im Sinne der Warenzeichen- und Markenschutz-Gesetzgebung als frei zu betrachten wären und daher von jedermann benutzt werden dürften.

The use of registered names, trademarks, etc. in this publication does not imply, even in the absence of specific statement, that such names are exempt from the relevant protective laws and regulations and therefore free of general use.

Umschlagbilder Cover illustrations: © 2006 Objectile
Layout: Andreas Berlinger; London / Denise Ender; Bregenz
Druck Printing: Holzhausen Druck & Medien GmbH
1140 Wien, Österreich

Gedruckt auf säurefreiem, chlorfrei gebleichtem Papier - TCF
Printed on acid-free and chlorine-free bleached paper
SPIN: 11404125

Mit zahlreichen (großteils farbigen) Abbildungen
With numerous (mainly coloured) illustrations

Bibliografische Informationen Der Deutschen Nationalbibliothek
Die Deutsche Nationalbibliothek verzeichnet diese Publikation in der Deutschen Nationalbibliografie; detaillierte bibliografische Daten sind im Internet über
<http://dnb.d-nb.de> abrufbar.

ISBN 978-3-211-25238-3 SpringerWienNewYork

Vorwort des Herausgebers
Consequence: Rendering the boundaries

`Is urban architecture in the process of becoming a technology just as outdated as extensive farming? Will architectonics become nothing more than a decadent form of dominating the earth, with consequences analogous to the unbridled exploitation of raw materials? Hasn't the decline in the number of cities also become the symbol of industrial decline and forced unemployment, the symbol of scientific materialism's failure? (...) The crisis of modernity's grand narratives, about which Lyotard speaks, betrays the presence of new technology, with the emphasis being placed, from now on, on the „means" and not on the „ends"´ (Virilio 1999).

In Anknüpfung an obiges Zitat von Paul Virilio gehen wir von der These aus, dass das Berufsbild der ArchitektIn einem grundsätzlichen poststrukturalistischen Wandel unterliegt. Mit der Immersion der digitalen Medien und elektronischen Apparate muss die Definition des architektonischen Raums einer grundsätzlichen und zeitgemäßen Revision unterzogen werden. Während das psychische Modell des modernistischen Raumparadigmas mit der Echzeiterfahrung im physischen Realraum noch kongruent war und durch die Regeln der klassischen Perspektive hinreichend beschrieben werden konnte, führt die rhizomatische Organisation der Datennetzwerke an den Schnittstellen global verteilter Userterminals zum Verlust der Wahrnehmung räumlicher Tiefe zugunsten einer kinematografischen Zeittiefe. Die Ästhetik stabiler Bilder wird durch die Ästhetik des beschleunigten Verschwindens labiler Bilder ersetzt. Räumliche Exploration erfolgt nunmehr weltumspannend an jedem beliebigen Ort, während Simultanität in elastischen Zeitintervallen erfolgt und durch die „Trägheit des Auges" bestimmt wird.

Das heisst aber auch, dass wir einen Paradigmenwechsel von der Repräsentation zur Interpretation vollziehen, der eng mit der Frage nach der Konstituierung brauchbarer Schnittstellen verbunden ist. Die von Virilio angesprochene Verlagerung von der Zielfunktion (ends) zur Wahl der Mittel (means) im Rahmen einer prozesshaften Kultur des Ereignisses entspricht gleichzeitig einer Verschiebung von der Metaebene eines dialektischen Theoriebegriffs zur mikropolitischen Praxis improvisatorischen Handelns.

Mit der Auswahl der im Rahmen der Ausstellungsreihe „consequence" präsentierten ArchitektInnen soll die gängige Praxis gegenwärtiger Architekturproduktion hinterfragt werden. Sie verkörpern auf exemplarische Weise die vielfältigen Ausdrucksformen im Zuge der skizzierten Neudefinition des Berufsbilds. Die jeweiligen Tätigkeitsfelder sind durch die systematische Entwicklung partikularer Forschungsschwerpunkte gekennzeichnet, einer Art mikropolitischer und methodischer Praxis an den Rändern der eigenen Profession sowie im transdisziplinären Crossover unterschiedlicher Disziplinen. Die Arbeitsweisen haben einen Hang zum Technologischen, sind narrativ, performativ, spekulativästhetisch und verfügen über ein Problembewusstsein, das auf einer konzeptuellen Ebene verankert ist oder am spezifischen Kontext festgemacht werden kann. Mit der Auswahl soll auf eine Generation aufmerksam gemacht werden, die mit ihren Arbeiten neue diskursive Räume erschließt.

Wolfgang Fiel, Hamburg, Juni 2005

Virilio, P 1999, `The overexposed city´, in Druckrey, T. & Ars Electronica (eds.), Facing The Future, MIT Press, Cambridge, pp. 276-283.

Editorial Notice
Consequence: Rendering the boundaries

`Is urban architecture in the process of becoming a technology just as outdated as extensive farming? Will architectonics become nothing more than a decadent form of dominating the earth, with consequences analogous to the unbridled exploitation of raw materials? Hasn't the decline in the number of cities also become the symbol of industrial decline and forced unemployment, the symbol of scientific materialism's failure? (...) The crisis of modernity's grand narratives, about which Lyotard speaks, betrays the presence of new technology, with the emphasis being placed, from now on, on the „means" and not on the „ends"´ (Virilio 1999).

Following up to the statement from Paul Virilio, the claim is set out, that the profession of the architect currently undergoes a significant post-structuralist change. With the immersion of digital media and electronic apparatus the definition of physical space and its perception has to be fundamentally revised. Whilst the psychological imprint of the modernistic dimension of space was specified by significant „time distances" in relation to physical obstacles, represented by the rules of perspective, the rhizomatic nature of electronic networks - accessable via the interfaces of globally distributed userterminals – has subsequently led to the loss of spatial depth in exchange for the cinematic depth of time. The believe in the enduring objectives of dualistic determinism has been succeeded by an aesthetic of the accelerated disappearance of transient images. The exhaustion of temporal distance creates a telescoping of any localization, at any position and any time, for it simultaneity is measured in elastic time-intervalls equivalent to the retinal persistance - the after image. Likewise we face a paradigmatic change from the era of representation to one of interpretation which is closely bound to the need of creating operable interfaces. In the light of the turn from the „ends" to the „means" as aforementioned, a process-oriented culture of events would cause an improvisational turn from the meta-level of the dialectic theory-notion toward a micropolitical practice.

With the choice of architects within the scope of „consequence", well established modernistic modes of architectural representation are challenged. All of these architects embody a wide range of formal expression, as a result of their unique endeavour in research and architectonic practice alike. Their particular fields of activity are characterized by a tentative policy in exploring and augmenting the boundaries of the profession as well as to foster a prolific interchange with other disciplines. The modes of operation are technological, often do follow narratives, are performative, speculative in their account for novel aesthetics and demonstrate a sensible awareness for current local phenomena and global developments, which can be tied to a specific context or are expressed on a conceptual level. With the choice for fresh accounts from a new generation of experimental architects, we aim to launch new territorries of discourse.

Wolfgang Fiel, Hamburg, June 2005

Virilio, P. 1999, `The overexposed city´, in Druckrey, T. & Ars Electronica (eds.), Facing The Future, MIT Press, Cambridge, pp. 276-283.

Über / About iCP

Das `Institute for Cultural Policy´, wurde 2004 als unabhängige und interdisziplinäre Forschungseinrichtung in Hamburg/Deutschland gegründet. Das iCP bietet die Infrastruktur und ist diskursive Plattform für die Förderung und Weiterentwicklung des Austausches zwischen Architektur, Kunst, Wissenschaft und Industrie.

The `Institute for Cultural Policy´, was founded in 2004 as an independent and cross-disciplinary research institution in Hamburg/Germany. The iCP provides the infrastructure and is a platform for discourse fostering a prolific exchange between architecture, art, science and industry.

Kooperationen / Cooperations

Die Ausstellung mit dem gleichlautenden Titel vom 28.04. - 28.05.2006 im iCP, Hamburg ist in Kooperation mit dem Institut Français de Hambourg entstanden und ist eine Veranstaltung im Rahmen des Hamburger Architektur Sommer 2006.

The exhibition with the same title from 28.04. - 28.05.2006 at the iCP, Hamburg has been developed in cooperation with the Institut Français de Hambourg and is an event within the framework of the Hamburger Architektur Sommer 2006.

Hamburger Architektur Sommer 2006

Danksagung / Acknowledgements

Die Herausgeber bedanken sich bei allen, die am Zustandekommen des Projekts beteiligt waren, im Speziellen Direktor Jean-Pierre Tutin (Institut Français de Hambourg), Stephan Schliebusch (Objectile panel distribution, Germany), Denise Ender, Alexandra Berlinger, Andreas Berlinger, Camilla Nielsen (Übersetzung und Proofreading), Amelie Graalfs, Kathrin Harder, David Marold (SpringerWienNewYork) sowie Patrick Beaucé + Bernard Cache für die ausgezeichnete Zusammenarbeit.

Bridging the Gap

Seit ihrer Gründung 1995 durch Patrick Beaucé und Bernard Cache, entwickeln Objectile Technologien für eine „Non-Standard Architektur". Neben theoretischen Untersuchungen haben sie mit ihrer Produktionsstätte die Möglichkeit architektonische Komponenten zu leistbaren Preisen selber zu produzieren.

Mit „Fast-wood : a Brouillon Project" zeigen Objectile im Rahmen der Consequence Exhibition Series eine „industrielle Skizze" ihrer aktuellen Arbeit und präsentieren mit diesem Buch die generelle theoretische Grundlegung einer „Non-Standard Architektur". Ihr ursprüngliches Interesse galt einem spezifischen Bauelement kompositorischer Art: dem Wandpaneel. Anhand dieses Bauelements gehen Beaucé und Cache der Frage nach, inwieweit das von Alois Riegl (1923) formulierte historische Konzept floraler Ornamentik durch die Anwendung numerischer Fertigungsverfahren in die Gegenwart übertragen werden kann. Objectile konzentrieren sich derzeit auf die Entwicklung weiterer Komponenten wie z.B. Verbindungselemente zwischen den einzelnen Paneelen, die einen Zusammenbau mit variablen Winkeln erlauben.

Objectiles' genuiner Beitrag zur allgemeinen Entwicklung einer „Non-Standard Architektur" beruht auf ihrer konsistenten Bemühung jenem Problem zu begegnen, das eine breite Anwendung integrierter Fertigungstechnologien in der Architektur bislang verhindert hat. Wird diesen Technologien im Bereich der industriellen Fertigung prototypischer Bauteile wie etwa einem reliefartig texturierten Fassadenpaneel für hinkünftige Bauanwendungen ein vielversprechendes Potential zugeschrieben, müssten um die Eigenschaft der Einmaligkeit nach ökonomischen Kriterien aufrecht zu erhalten, die „Vorlaufkosten" für die Durchführung eines weitgehend automatisierten Fertigungsprozesses deutlich reduziert werden. Dabei werden unter „Vorlaufkosten" all jene Verfahrensstufen verstanden, die vom Entwurf bis hin zur Erstellung eines lauffähigen ISO Codes zur numerischen Steuerung der Fertigungsmaschine anfallen. Die von Beaucé und Cache entwickelte Hypothese kann gewissermaßen als eine Verschiebung des Apekts der Standardisierung in die dem Fertigungsprozess vorgelagerten Arbeitsschritte verstanden werden. Zu diesem Zweck greifen sie auf ein Buch zurück, das 1639 vom französischen Architekten und Mathematikers Girard Desargues de Lyon unter dem etwas geheimnisvollen Titel *Brouillon project d'une atteinte aux événements des rencontres du Cone avec un plan* (Grobe Skizze für einen Aufsatz zu den Resultaten ebener Kegelschnitte) veröffentlich worden ist. In dieser Arbeit hat Desargues die ersten Konzepte zu einer projektiven Geometrie formuliert und damit die Fundamente der allgemeinen Geometrie wie sie seit der Antike entwickelt worden sind maßgeblich erweitert. Dabei geht es weniger um die von Evans (1997) getroffene Unterscheidung zwischen haptischen (projektiven) und visuellen (metrischen) Aspekten der allgemeinen Geometrie sondern um die Definition spezifischer Proportionsverhältnisse innerhalb der projektiven Geometrie, die sich mit den allgemeinen arithmetischen Verhältnissen nicht im Einklang befinden müssen. Diese Gesetzmäßigkeit hat Desargues mit der sog. Vier-Punkt-Involution beschrieben, die - ohne an dieser Stelle im Detail darauf einzugehen zu können (1) - bedeutet, dass das architektonische Projekt aus einem „Modell" besteht, dessen Primärelemente auf der Basis invarianter Relationen verändert werden können. Die aktuelle Gestalt ändert sich in Entsprechung mit den Charakteristiken und Beschränkungen des spezifischen Projekts. Im allgemeinen können derartige Modelle als „universelle" Strukturen definiert werden, die nach Maßgabe einer gegebenen Problemstellung parametrisiert und damit zu einem „speziellen" Verfahren (Struktur) werden. Mit der von Objectile verwendeten assoziativen Sofware CFAO lässt sich dieser Vorgang als integriertes CAD/CAM- System mit nachgeschalteten numerischen Fertigungsverfahren verknüpfen. Unter der Voraussetzung des Zugriffs auf ein Repertoire geeigneter Modelle ist eine prototypische (einmalige) und rasche Herstellung architektonischer Komponenten zu erschwinglichen Preisen möglich. Mit den Worten von Objectile „(...) ensteht eine `Non-Standard Architektur´ aus der Verhandlung von Invarianten und Variationen und darauf bestanden wird, dass die Umsetzung dieser Utopie durch die Produktivität der architektonischen Firma und allen Leistungen besteht, die mit dem Bau eines Gebäudes verbunden sind." (2). Damit könnte dieser Ansatz jene Lücke schließen, die aufgrund ökonomischer Rahmenbedingungen die standardisierte Bauproduktion von prototypischen Verfahrensansätzen unterscheidet.

Wolfgang Fiel, Wien, Jänner 2007.

Anmerkungen:
(1) Weiterführende Literatur: Evans, R. (1997) Perspektive und Proportion. *ARCH+*, 137, S.52-55.
Smith, D.E. (1929) Desargues on the 4-rayed pencil. In: Smith, D.E. *A Source Book in Mathematics*. New York, McGraw-Hill, S.311-314.
(2) Verweis auf den Aufsatz in diesem Buch:
Fast-wood: a Brouillon Project.

Referenzen:
Evans, R. (1997) Die Anfänge moderner Raumkonzeptionen. *ARCH+*, 137, S.24-81.
Riegl, A. (1923) *Stilfragen - Grundlagen zu einer Geschichte des Ornamentes*. Berlin, R.C. Schmidt.

Bridging the Gap

Since its formation in 1995 by Patrick Beaucé and Bernard Cache, Objectile is working on technologies for a "Non-Standard Architecture". Besides theoretical investigation they run their own manufacturing facility having the opportunity to produce architectural components at a reasonable price.

With "Fast-wood : a Brouillon Project" Objectile presents an "industrial sketch" of their current work within the scope of the Consequence Exhibition Series. This publication elaborates on their general theoretical idea of "Non-Standard Architecture". Their initial interest was directed towards a specific architectural component of compositional nature: a panel for decorative cladding. Based on this component Beaucé and Cache follow up to the question whether the historical concept of the "rinceau motif" formulated by Alois Riegl (1923) is transposable to a contemporary reading applying numerical manufacturing technologies.

Objectile is currently focusing on other components such as connecting elements between the panels allowing assembly with variable angles. Objectiles' genuine contribution to the conceptual elaboration of a "Non-Standard Architecture" is their consistent effort to cope with the very problem, that has yet hindered a broad application of integrated manufacturing technologies in the realm of building construction. As these technologies have been tagged persistently with the most promising potential in terms of the industrial production of prototypic building components such as decorative façade panels, the "preliminary costs" for the enforcement of a largely automated manufacturing process would have to be cut down substantially in order to maintain a unique characteristic under economic circumstances. The term "preliminary costs" subsumes those stages that determine the workflow prior to the actual manufacturing from the early design stage right up to the creation of the ISO code for the numerically driven milling machines. For the hypothesis of Beaucé and Cache the aspect of standardisation effectively is shifted to the work steps prior to the manufacturing process. On this account they refer to a small book published by the French architect and mathematician Girard Desargues de Lyon in 1639 with the slightly enigmatic title: *Brouillon project d'une atteinte aux événements des rencontres du Cone avec un plan* (Rough Draft for an Essay on the Results of Taking Plane Sections of a Cone). In this work, Desargues formulated the first concepts of a projective geometry - ideas which were to considerably expand the foundations of geometry that had evolved since Antiquity. This reference is not to do with the distinction between haptic (projective) and visual (metric) aspects of geometry drawn by Evans (1997), but provides the definition of specific relations in terms of proportions within the realm of projective geometry without their compliance with general arithmetic conditions. This circumstances have been illustrated by Desargues with the so-called 4-rayed pencil theorem, meaning – without accounting to the theory in full detail (1) – that the architectural project consists of a "model" with its primary elements varying on the basis of invariant relations between them. The intermediate condition ("Gestalt") is altered according to the constraints and characteristics of the specific project. Generally such models can be defined as "universal" structures that once parameterized in accordance to a given problem turn into a "specific" procedure (structure). Applying the associative sofware CFAO Objectile links this procedure with subsequent numerical manufacturing techniques as fully integrated CAD/CAM system. Once access to a repertoire of adequate models is provided, the prototypical (unique) and quick production of architectural components is possible at a reasonable price. To put it in the words of Objectile "(…) a `Non-Standard Architecture´ could evolve from the negotiation between the invariant and variation, insisting on the fact that the realisation of this utopia is informed by the productivity of the architectural firms and the entire services related to the construction of a building."(2). Hence this approach potentially could bridge the gap, that currently causes a rupture between standardised modes of production and prototypical techniques on the basis of their respective economical conditions.

Wolfgang Fiel, Vienna, January 2007.

Notes:
(1) References for further reading: Evans, R. (1997) Perspektive und Proportion. *ARCH+*, 137, pp.52-55.
Smith, D.E. (1929) Desargues on the 4-rayed pencil. In: Smith, D.E. *A Source Book in Mathematics*. New York, McGraw-Hill, pp.311-314.
(2) See essay in this volume entitled: *Fast-wood: a Brouillon Project*.

References:
Evans, R. (1997) Die Anfänge moderner Raumkonzeptionen. *ARCH+*, 137, pp.24-81.
Riegl, A. (1923) *Stilfragen- Grundlagen zu einer Geschichte des Ornamentes*. Berlin, R.C. Schmidt.

TABLE OF CONTENTS

Fast-wood : a Brouillon project   page 2
Fast-wood : un Brouillon project   page 6

The Diagrams of Thales,
or The Origins of Geometry Beyond The Myth   page 8
Les diagrammes de Thalès,
ou les origines de la géométrie par delà les mythes   page 22

Towards a non-standard mode of production   page 26
Vers un mode de production non-standard   page 40

Geometries of Phàntasma   page 46
Géométries du « phàntasma »   page 62

Vitruvius : machinator, terminator   page 68
Machinations vitruviennes   page 84

[1] RENÉ TATON: L'OEUVRE MATHÉMATIQUE DE GIRARD DESARGUES, VRIN, 1981
[2] DESARGUES EN SON TEMPS, JEAN DHOMBRES ET JOEL SAKAROVITCH, ED. A. BLANCHARD, 1994

FAST-WOOD: A BROUILLON PROJECT
(OBJECTILE, MARCH 2006)

In 1639, an architect by the name of Sieur Girard Desargues de Lyon wrote a small book with a slightly enigmatic title: Brouillon project d'une atteinte aux événements des rencontres du Cone avec un plan (Rough Draft for an Essay on the Results of Taking Plane Sections of a Cone). In this work, Desargues formulated the first concepts of a projective geometry - ideas which were to considerably expand the foundations of geometry that had evolved since Antiquity. Beginning with the title of his work, Desargues made coined an idiom which shook the received ideas of a beautiful essence of geometry. And one's first impression is confirmed on reading this work. It is not just a question of trees, trunks, roots, branches, of simple or connected nodes, of twigs folded onto a trunk or disrupted by wicker. Desargues based his projective geometry on them, but the objects to which his terms refer could also be the subject of a typology, which was only to see the light of day some hundred years later when Euler tackled an architectural problem that the people of Königsberg would contemplated on their Sunday promenade: "Could one return to the point of departure by crossing each of the seven bridges of the city, one and only one time?"

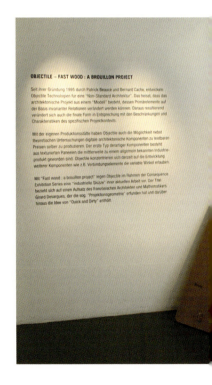

But let's return to August 1640. The same architect, Desargues lapsed and published a second Brouillon project which this time addressed the cutting of stones for use in buildings and sundials (exemple d'une manière universelle touchant la pratique du trait 'a preuves pour la coupe des pierres en l'Architecture: Et de l'éclaircissement d'une manière de réduire au piet pied en Perspective comme en Géométral, et de tracer tous quadrans plat d'heures géales au Soleil.) This time Desargues was able to show how his new geometry enabled one to effectively solve a certain number of practical problems related to three technical areas which included: perspectival representation, the cutting of stone still referred to as "stereotomy" and the construction of sundials, that is "gnomonics ". Indeed, he had not been able to evade some of his detractors, such as Beaugrand, who reproached him for&that it still had to do with a "brouillon", i.e., a rough draft and not a project in the real sense. This because Desargues took the middle ground somewhere between general theory and technical procedure. As René Taton explains, these Brouillon projects were among the "drafts

destined to be later improved by considering the views of well-meaning readers."[1]

What is the purpose of referring today to Desargues on the occasion of an exhibition on experimentation in architecture? How can we evoke history in industrial practice? The main reason for us is that the CFAO software can derive a geometrical theorem from an architectural project. The associative software CFAO actually allows us to construct the project as a group of relationships between a small number of basic elements, relations that remain invariant when one modifies these initial hypotheses. Thus the final configuration of the project is only the result of the relations applied to certain fixed hypotheses the moment the object is fabricated. It turns out that these relations can represent precisely those invariant characteristics of projective geometry, such as the intersections or alignments, but in this exhibition this is not our focus.

For us it seems just as important to see that Desargues adopted this intermediary position which we described as being half-way between general theory and technical procedure[2]. His second Brouillon project, the one from 1640, does in fact formulate the particular lessons he gives to artisans who were his first students. Huret, master-carpenter and sculptor – Bosse the soft-stone engraver – La Hire, painter – Hureau, master-mason and Charles Bressy, the finisher who worked at the Louvre. Desargues' Brouillon projects were in themselves works that are not just aimed at practitioners but which are products of the same empirical and pragmatic approach. Desargues did not yet feel capable of mastering the entire field which he was in the process of discovering, but that did not stop him from writing and compiling these small treatises, which did not, to be sure, represent new elements of geometry but certainly did present concepts and propositions that were subject to verification and discussion. These Brouillon projects were in a sense studio models similar to the sketches that one often finds in the backrooms of shops or industrial labs.

What are we trying to show in this catalogue and in this exhibition? On the basis of a very general theoretical idea of non-standard architecture, Objectile is first and foremost interested in a very specific compositional component: the panel. The idea is to explore how one can reintroduce lines and surfaces with variable curvatures in panels used for decorative cladding. More precisely, we want to see how today's numeric means can be used to examine the historical concept of the rinceau motif formulated by Alois Riegl in his Stilfragen. These panels have since become industrial products of wide dissemination. This exhibition will present examples of this.

Apart from these panels the two other main architectural components are the structures and the connecting elements, which traditionally link the panel to the structure. Here, in the four projects presented, we have preferred to focus on the connection between the panels themselves. It has to do with a sort of fourth Brouillon projects d'une atteinte aux événements des rencontres de deux plans faisant entre eux un angle variable. Each of these projects is a modelling of the basic sketch for creating factory programs, that is to say, up to the ISO code controlling the numerically driven milling machines. The fabricated objects are only examples of variations which models can bring forth. But they are, first and foremost, rough sketches, in the sense that it has to do with quickly putting to the test components that are certainly, each time entirely modelled, but whose validation goes beyond the effective realization to verifying technical issues, such as the resistance of collages, the identification of assembly pieces, the possibility of dispensing with screw clamps or of eliminating any visible connecting piece. These projects are thus integrated in a chronological order so that the interested visitor can follow to reconstruct the development of the technical solutions adopted. The real result is that we believe to be close to articulating some plans irrespective of the limited conception, the limited fabrication period and this at an affordable price.

For the present catalogue, the small opus consists of a number of texts which are themselves rough sketches. The possibilities opened up by digital technologies to see a non-standard architecture evolve prompts us to question the very nature of the architectural project:
"Towards a non-standard architecture" is the full version of the manifesto which was demanded of Objectile at the exhibition

Architecture Non-standard which took place at the Beaubourg in 2004. After having shown how this non-standard architecture could evolve from the negotiation between the invariant and variation, we insisted on the fact that this realization of this utopia is informed by the productivity of the architectural firms and the entire services related to the construction of a building.

In the "Geometry of the Phantasm" we tried to develop a platonic genealogy relating to Felix Klein's Erlangen Program in which the German mathematician applied the notion of the invariant to the variation of groups of geometrical transformations. This genealogy is based on a geometric interpretation of the Sophist where Plato is revealed from a less conventional perspective.

"Vitruvius: machinator, terminator" reminds us of how the machinatio was essential fort he Vitruvian project, in the dual sense of mechanical and machination.

Finally the text "Thales and the Origins of Geometry" attempts to question this notion of the "diagram" which is so often cited by contemporary architects.

We are certain that these texts as well as the objects presented here are only brouillons, sketches. They are only sporadic sketches that have incorporated this very general notion of non-standard architecture in a historical context.

FAST-WOOD : UN BROUILLON PROJECT
(OBJECTILE, MARS 2006)

En 1639, un architecte, Sieur Girard Desargues Desargues de Lyon, rédige un petit opuscule au titre quelque peu énigmatique: Brouillon project d'une atteinte aux événements des rencontres du Cône avec un plan. Dans cet ouvrage, Desargues énonce les premiers concepts de la géométrie projective qui vont considérablement élargir la base des fondements de la géométrie telle qu'elle avait été établie depuis l'antiquité. Brouillon – Projet – Atteinte – Evénements – Rencontres, dès le titre de l'ouvrage, Desargues utilise un vocabulaire qui bouscule les idées reçues sur les belles essences de la géométrie. Et la lecture de l'opuscule ne fait que confirmer cette première impression ; il n'est question que d'arbres, de troncs, de souches, de branches, de nœuds simples ou couplés, de brins de rameau pliés au tronc ou accouplés entre eux. Un lexique végétal très curieux où la hiérarchie arborescente est très vite contaminée par des figures d'entrelacs. Desargues y fonde la géométrie projective, mais les objets auxquels se rapporte son lexique pourraient aussi bien faire l'objet d'une topologie, laquelle ne verra le jour qu'une centaine d'année plus tard lorsque Euler s'attaquera au problème dominical de la promenade architecturale des citoyens de Königsberg : « Peut-on revenir à son point de départ en ayant emprunté chacun des sept ponts de la ville, une et une seule fois ? ».

Mais revenons en août 1640. Le même architecte, Desargues, récidive et publie un deuxième Brouillon project qui est cette fois un exemple d'une manière universelle touchant la pratique du trait à preuves pour la coupe des pierres en l'Architecture : Et de l'éclaircissement d'une manière de réduire au petit pied en Perspective comme en Géométral, et de tracer tous quadrans plats d'heures géales au Soleil. Cette fois, Desargues entend montrer comment sa nouvelle géométrie permet de résoudre efficacement un certains nombre de problèmes pratiques relevant des trois domaines techniques que sont : la représentation perspective, la taille de la pierre qu'on appelle encore « stéréotomie », et la construction de cadrans solaires, dite « gnomonique ». De fait, il n'aura pas échappé à certains de ses détracteurs, tel Beaugrand, qu'il s'agit toujours de « brouillon ». Car Desargues adopte une position moyenne, à mi chemin entre la généralité théorique et la procédure technique. Comme l'explique René Taton, ces Brouillons projects constituent des « esquisses destinées à être ultérieurement améliorées en tenant compte des avis des lecteurs de bonne foi. »[1]

Quel sens y a-t-il à se référer aujourd'hui à Desargues à l'occasion d'une exposition d'expérimentation architecturale ? Comment pouvons-nous nous évoquer l'histoire dans une pratique industrielle ? Le fait majeur nous semble être que les logiciels de CFAO font du projet architectural un théorème de géométrie. La CFAO associative nous permet en effet de construire le projet comme un ensemble de relations entre un petit nombre d'éléments premiers, relations qui demeurent invariantes lorsqu'on modifie ces hypothèses de départ. Ainsi la configuration finale du projet n'est que la résultante des relations appliquées aux hypothèses particulières figées au moment de la fabrication de l'objet. Il se trouve que ces relations peuvent être précisément des invariants caractéristiques de la géométrie projective, tels que les intersections ou les alignements mais, dans cette exposition, ce n'est pas là ce qui nous préoccupe.

Car tout aussi important nous semble avoir été chez Desargues, cette position intermédiaire que nous disions à mi-chemin entre la généralité théorique et la procédure technique[2]. Son deuxième Brouillon project, celui de 1640, est en fait la rédaction des leçons particulières qu'il donne aux artisans qui sont ses premiers disciples : Huret, maître menuisier et sculpteur - Bosse graveur en taille douce – La Hire, peintre – Hureau, maître maçon et Charles Bressy, appareilleur qui travaille au Louvre. Les Brouillons projects de Desargues, sont eux-mêmes des ouvrages, qui non seulement s'adressent à des praticiens, mais qui font l'objet d'une même démarche empiriste et pragmatique. Desargues ne se sent pas encore en mesure de maîtriser l'ensemble du champ qu'il est en train de découvrir, cela ne l'empêche pas d'écrire et de rédiger ces petits opuscules, qui ne sont certes pas de nouveaux Eléments de géométrie, mais qui avancent des concepts et des propositions qu'il soumet à vérification et discussion. Ces brouillons projects sont en quelque sorte des maquettes d'ateliers, au même titre que ces essais qu'on trouve souvent en fond de boutiques ou de laboratoires industriels.

Que voulons-nous mettre à l'épreuve dans ce catalogue et dans cette exposition? Sur la base de l'idée théorique très générale d'architecture non-standard, Objectile s'est d'abord intéressé à une catégorie de composant très précise : le panneau. Il s'agissait de voir comment on pouvait réintroduire des lignes et des surfaces à courbure variables dans les panneaux de revêtement décoratif. Plus exactement, nous voulions voir ce que pouvait devenir, avec les moyens numériques d'aujourd'hui, le concept historique de rinceau végétal tel qu'il avait été formulé par Aloïs Riegl dans ses Stilfragen. Ces panneaux sont désormais des produits industriels largement diffusés. On peut en voir des exemples dans cette exposition.

A côté des panneaux, les deux autres composants architecturaux majeurs sont les structures et les pièces de connexions qui, traditionnellement, relient les panneaux à la structure. Ici, dans les quatre projets présentés, nous avons plutôt voulu nous concentrer sur la connexion entre les panneaux eux-mêmes. Il s'agit en quelque sorte de quatre Brouillons projects d'une atteinte aux événements des rencontres de deux plans faisant entre eux un angle variable. Chacun de ces projets sont des modélisations de l'esquisse de base jusqu'à la génération des programmes d'usinages, c'est-à-dire jusqu'au code ISO pilotant les fraiseuses à commande numériques. Les objets fabriqués ne sont donc, chacun, que des exemples de variations auxquelles peut donner lieu leurs modèles. Mais surtout, ce sont bien des brouillons, au sens où il s'agit de mettre rapidement à l'épreuve, des composants qui sont certes, à chaque fois, entièrement modélisés, mais dont la validation, passe par une mise en œuvre effective pour vérifier des questions techniques tels que la résistance des collages, l'identification des pièces à l'assemblage, la possibilité de se passer de serre-joints ou de retirer toute pièce de connexion visible. Ces projets se sont donc enchaînés dans un ordre chronologique que le visiteur curieux pourra suivre pour reconstituer l'évolution des solutions techniques adoptées. Le véritable résultat est que nous pensons être proche de pouvoir articuler des plans quelconques dans une délai de conception réduit, un temps de fabrication très court et cela à un prix abordable.

Pour ce qui est du présent catalogue, l'opuscule se compose d'une série de textes qui sont eux-mêmes des brouillons. La possibilité qu'ouvrent les technologies numériques de voir apparaître une architecture non-standard nous amène à nous interroger sur la nature même du projet architectural:
« Vers une architecture non-standard » est la version complète du manifeste qui avait été demandé à Objectile à l'occasion de l'exposition Architecture Non-standard à Beaubourg en 2004. Après avoir rappelé comment cette architecture non-standard pouvait dépendre de la négociation entre invariant et variation, nous y insistons sur le fait que la réalisation de cette utopie est conditionnée par la productivité des agences d'architectures et de l'ensemble des services attenant à production du bâti.
Dans « Géométrie du phantasma » nous tentons de forger une généalogie platonicienne au Programme d'Erlangen de Fléix Klein où le mathématicien allemand avait appliqué la notion d'invariant par variation aux groupes de transformations géométriques. Cette généalogie repose sur une lecture géométrique du Sophiste où Platon se révèle sous un jour peu coutumier.
« Vitruvius: machinator, terminator » rappelle combien la machinatio était essentielle au projet vitruvien, sous le le double sens de mécanique et de machination.
Enfin, le texte «Thalès et les origines de la géométrie » tente d'interroger cette notion de « diagramme » si souvent évoquée par les architectes contemporains.

Nous ne doutons pas que ces textes, tout comme les objets présentés, ne sont encore que des brouillons. Ce ne sont que des esquisses ponctuelles qui entendent insérer dans l'histoire cette notion très générale d'architecture non-standard.

[1] RENÉ TATON : L'ŒUVRE MATHÉMATIQUE DE GIRARD DESARGUES, VRIN, 1981
[2] DESARGUES EN SON TEMPS, JEAN DHOMBRES ET JOËL SAKAROVITCH, ED. A. BLANCHARD, 1994

[1] HISTORIES, I, 74
[2] THALES PREDICTED AN ECLIPSE THAT CAN DEFINITELY BE DATED TO 585 B.C.E.
[3] CLISTHENE THE ATHENEAN, P. 66

THE DIAGRAMS OF THALES, OR THE ORIGINS OF GEOMETRY BEYOND THE MYTH

It is generally agreed that when Greek thought evolved into reasoning in the early sixth century b.c.e., it was beyond the borders of Greece itself, more specifically, in Miletus, a Greek colony in Asia Minor. No writings have been found by Thales, the man alleged to have initiated this thinking, and very little is known about him. Herodotus[1] describes him as an astronomer[2] or engineer, but he was also said to be a leading trader in olives and an influential politician who, among other things, initiated the Pan-Ionian Confederation[3]. Plato mentions him twice , first in THEAETETUS in which he tells the story of the scholar so immersed in his own thoughts that he accidentally falls into a well, then a second time in the REPUBLIC, in which his technical ingenuity is praised.

In respect of geometry itself, Proclus mentions Thales at the very beginning of his abridged history of geometry that heads Book I of his commentary entitled The Elements of Euclid. Thales is depicted as standing at the crossroads of a dual Babylonian and Egyptian heritage: "Yet just as a precise knowledge of numbers originated with the Phoenicians, thanks to their sea trading and contracts, so geometry was discovered by the Egyptians for the above-named reason. Thales, having travelled to Egypt, brought this study to Greece, and discovered numerous results for himself, thus putting his successors on the route to many others, using approaches that were sometimes universal (katholikóteron), sometimes empirical (aisthetikóteron)[5]. "

The image of Thales that has emerged on the basis of this meagre information has been constructed in relation to the shadow of the pyramids, whose vertical axis, parallel to the gnomon used to measure them, is the embodiment of the theorem that bears the name of the Ionian philosopher. This image is particularly rich if one begins to analyse it. It contains two figures that are the origin of architecture on the one hand and of geometry on the other, namely, pyramidal stereometric blocks dating from the start of the third millennium b.c.e[6]. The gnomon itself, whose Greek etymology gives its meaning as "the instrument that knows", stands at the crossroads of the measurement of time and space. Whether one is interested in the change in one's shadow, or the opposite, in its conjunction with other invariable objects

[4] THEAETETUS, 147A ; REPUBLIC, 600A
[5] PROCLUS (438 C.E.–485C.E.): COMMENTARIES, BOOK I OF EUCLID, PP.65, 3-11 ;
[6] FROM ABOUT 2800 B.C.E.
[7] EVIDENTLY, THIS IS A RETROSPECTIVE INTERPRETATION THAT IN NO WAY IMPLIES THAT A PREFIGURATION OF PROJECTIVE GEOMETRY EXISTED IN ANTIQUITY. ON THE OTHER HAND, FROM A POINT OF VIEW OTHER THAN THAT OF THE HISTORY OF SCIENCE, THE CONJUNCTION OF THESE PYRAMIDS IS AN INTERESTING PHENOMENON.
[8] CA. 1800 B.C.E.

such as the pyramid itself, the gnomon acts like a sundial or an instrument for measuring distant objects. Finally, if you want to consider the properties of the pyramid's shadow, it could even be perceived as the trigger mechanism of projective geometry, the material vertical pyramid being merely a special case of those oblique visual pyramids that Abraham Bosse would engrave in order to illustrate the theories of the seventeenth-century architect Girard Desargues[7]. At any event, from a very technical point of view, the gnomon has truly dematerialised in order to become a mathematical tool in at least two occurrences. In the arithmetical geometry of the figured Pythagorean numbers of the fifth century b.c.e., the gnomon is the square that represents an odd number of pebbles which, when added to a square, would produce the following square number, represented in modern terms as the formula $n2 + 2n +1 = (n+1)^2$.

Later, in Euclid's Elements, especially in Book II which deals with the transformation of straight line figures whose area is constant, the gnomon is the subject of definition 2: "In a parallelogram, the figure composed of one of the parallelograms about the diagonal, together with the two complements is called a gnomon". In fact, the propositions demonstrated geometrically in Book II correspond in practical terms to problems of the algebraic type that are found on Mesopotamian tablets of the early second millennium b.c.e[8]. But that branch of the Greek genealogy of the sixth and fifth centuries b.c.e. was not inclined to remember it, since they were under the yoke of the peoples of Asia Minor, this being the reason for the Median Wars.

On the other hand, in one way or another, the Greeks vaunted their links with Egypt, from which they had inherited decimal numbers and calculation based on dimidiation and duplication, and these would have a profound effect on Greek philosophy and mathematics. This results in two contrasting versions of the story. Herodotus claims that the origin of geometry was in the surveying work that had to be performed each time the land was flooded when the Nile overflowed, so geometry emerged in order to re-establish effective measurements after the destruction caused by the flood waters. Plato, on the other hand, recounts that the Egyptian priests explained to Solon that Egypt, unlike other

[9] TIMAEUS, 22B
[10] MAURICE CAVEING: LA FIGURE ET LE NOMBRE, RECHERCHES SUR LES PREMIÈRES MATHEMATIQUES DES GRECS [THE FIGURE AND THE NUMBER: RESEARCH INTO EARLY GREEK MATHEMATICS], PRESSES UNIVERSITAIRE DU SEPTENTRION, 1997

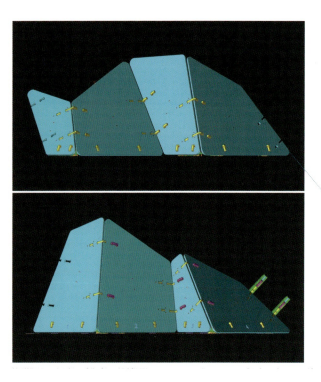

countries, had been able to preserve the wisdom of the Ancients due to the fact that it had escaped every natural disaster. "O Solon, Solon, you Hellenes are never anything but children, and there is not an old man among you[9]". There is thus a rich sedimentation of images but this should not stop contemplation of the mechanisms of thought that could have led to a consideration of the first geometrical properties. That is where the interest lies in the quest conducted by Maurice Caveing at the beginning of his exacting book entitled La figure et le nombre[10].

[11] ELEMENTS, I, DEF. 17: "THE DIAMETER OF THE CIRCLE IS ANY STRAIGHT LINE DRAWN THROUGH THE CENTRE AND TERMINATED IN BOTH DIRECTIONS BY THE CIRCUMFERENCE OF THE CIRCLE, AND SUCH A STRAIGHT LINE ALSO BISECTS THE CIRCLE"

[12] EUDEMUS OF RHODES WAS A DISCIPLE OF ARISTOTLE, AUTHOR OF THE FIRST AND PRINCIPLE HISTORY OF ANCIENT GEOMETRY WRITTEN C. 330 B.CE., I.E. ABOUT THIRTY YEARS BEFORE EUCLID COMPILED HIS ELEMENTS. UNFORTUNATELY, THE TEXT SOON DISAPPEARED AND HAS ONLY SURVIVED IN THE FORM OF ANTHOLOGIES. THE FIRST PART OF THE HISTORICAL ABRIDGEMENT, WHICH PREFACES PROCLUS' COMMENTARY, WAS A FAITHFUL DESCRIPTION OF A FRAGMENT OF THE STORY OF EUDEMUS. THIS SHORTENED VERSION IS SHOWN IN P.H MICHEL P. 168.

Caveing starts with the affirmation by Proclus that credits Thales with the four geometrical discoveries found in Book I of the Elements:
1- the division of a circle through its diameter into two equal parts = El. I, Def. 17
2- the congruence of the angles at the base of an isosceles triangle = El. I, 5
3- the congruence of angles facing each other on either side of the apex of the intersection of two straight lines = El. I, 15
4- the congruence of any two triangles having one equal side and two equal angles = El. I, 26

To these discoveries, Diogenes Laerce adds a fifth, which appears in Book III of the Elements:
5- the inscription of the right-angled triangle in a circle the diameter of which coincides with that of the hypotenuse = = El. III, 31

This is a strange list, because nowhere does it include Thales' famous Theorem. Furthermore, what should be understood by Proclus' assertion that Thales "proved" his first result? What sort of demonstration could Thales have performed when Euclid had resolved to include this property in the very definition of the diameter[11], even without any demonstration of proof? And what sort of credit on these very specific points can be attributed to a Proclus who was writing several thousand years after the eclipse witnessed by Thales? Everything points to the fact that, even if Proclus did not have the actual text of the History of Geometry by Eudemus of Rhodes[12] to hand, he would have had extracts from it that were quite faithful to the original. Eudemus himself must have had access to the writings of Hippocrates of Chios that contained the earliest elements of geometry, and there is every reason to believe that the School of Chios was able to collect precise information that originated in Miletus. The two cities lies close to each other, and Miletus was not destroyed until 494 b.c.e., i.e. only a generation before the activities of Oenodipus of Chios were at their height. In short, the chain of historic transmission that eventually ends with Proclus is sufficiently reliable for it to be taken seriously.

[13] MORITZ CANTOR, VORLESUNGEN ÜBER GESCHICHTE DER MATHEMATIK, I, 3RD ED. LEIPZIG, 1907, PP. 109 AND 140
[14] MAURICE CAVEING, OP. CIT.

In 1907, Moritz Cantor[13] produced the theory that bisecting a circle into equal parts by means of a diameter could have resulted from contemplation of actual wheels of the type that were used in Egypt since the second millennium b.c.e., or from the ornamental wheel-shaped figures that were typical of the geometrical ceramics produced as the Ancient World emerged from its "dark ages", when the Greeks rediscovered writing. Such a drawing would make the division of the circle into two equal parts based on one of its multiple diameters an act of an intuitive nature.

In La Figure et le Nombre[14], Maurice Caveing highlights the fact that the set of five discoveries attributed to Thales by Proclus involves figures which are either symmetrical or can easily be rendered symmetrical, such as the right-angled triangle inside the circle which produces a central rectangle when a symmetrical triangle is drawn inside the circle. Caveing then develops the very convincing theory that the earliest geometrical proofs consisted in the manipulation of intuitive properties of symmetrical geometrical figures, such as floor tiles or geometrical vases. Thus the concept of similarity could emerge even before the concept of the angle, proportion or, obviously, proportional transformation. Two concentric circles or two equilateral triangles would be enough to provide the concept of figures that could not be superimposed and yet were similar. From this, there emerged the concept of shape, of similarity (omoios) that is unequal (isos).

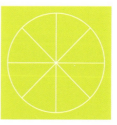

Gradual progression occurred from the manipulation of totally symmetrical shapes to that of shapes that were less regular, and eventually to the consideration of figures of any type. This would have happened sequentially, starting with the circle of symmetry with an infinite number of axes of symmetry (Thales' first discovery), continuing with regular polygons with a more restricted number of axes and culminating in an equilateral triangle that preserves a regular symmetry but has no more than three axes. From here, it would have been quite a leap of faith to abandon regular symmetry and retain only axial symmetry in the figure of the non-equilateral isosceles triangle with a rectangular variable and an unknown variable (Thales' second discovery). Earlier, such a generalised figure would have been achieved by breaking down axial figures and retaining just one of the halves, just as any right-ang-

[15] THE FOURTH POSTULATE IN ELEMENTS: "AND THAT ALL THE RIGHT ANGLES ARE EQUAL TO EACH OTHER"; NOTE THE PROXIMITY OF THIS POSTULATE TO THE DIAGRAM OF THE INAUGURATION.

led triangle can be extracted from a rectangle. Finally, symmetry might not have been considered in the figure itself, nor even in another figure surrounding it, but only in its constituent parts. More specifically, one would have witnessed a transfer of the properties of the figure into its elements, a transfer which would have sufficed in order to show empirically or even "aesthetically" as Proclus puts it, the inequality of the opposing angles on either side of the apex (Thales' third discovery).

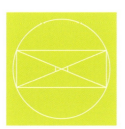

This is how the concept of the angle was able to emerge without it yet being measurable. The four angles of a circle divided by two orthogonal diameters would apparently be equal so, quite simply, there is transference of the symmetry of the circumference to the internal elements. This is the evidence – totally intuitive at the time ¬– that enabled Vitruvius to begin the procedure of tracing sundials for any time of the day without even having a word to use to describe the property in question. But to return to the very beginnings of geometry, instead of logical proof, we would have had manipulations of figures accompanied by a discourse which did not yet articulate actual concepts. That is why Maurice Caveing stresses the fact that Thales did not himself prove the congruence of opposite angles below the apex. This property, if extended to embrace any angle, would generalise the result that is particularly apparent in the case of four right angles determined by two orthogonal segments, a property which is, in fact, the subject of Euclid's Fourth Postulate[15]. The generalisation of the right angle into an angle of any size is the result of the consideration of the diagonals when extending a figure from a square to a rectangle.

Having arrived at a commentary on Thales' fourth discovery, Proclus explicitly quotes Eudemus who affirms that Thales would have needed to be aware of this property in order to measure distant objects such as ships at sea. Yet in his commentary to Euclid's first book, we have only reached proposition I,26, that is to say just before the turning point of the famous proposition I,27: "If a straight line falling on two straight lines makes the alternate angles equal to one another, then the straight lines are parallel to one another". Euclid had been able to prove everything hitherto on the basis of his first four Postulates, but in his Proposition I,27 which uses the Postulate of parallels, he

[16] THIS TEXT, WHICH IS ACTUALLY A LETTER, IN AN EXCEPTION IN ALBERTI'S BODY OF WORK. IT IS THE ONLY ONE THAT ALBERTI PRODUCED WITH ILLUSTRATIONS. ON THE ERRORS IN THE REPRODUCTION OF ALBERTI'S ORIGINAL IMAGES AND THEIR HARMFUL CONSEQUENCES ON THE TRANSMISSION OF THE TEXT, SEE FURLAN & CARPO ????
[17] DE ARCHITECTURA X,16,1. ON THE QUESTION OF SIEGE LADDERS, LOUIS CAILLEBAT AND PHILIPPE FLEURY REFER TO POLYBUS, 9,19,5-9 : "THE DISTANCE FROM THE FOOT OF THE WALL TO THE LADDER, AFTER CALCULATING THE NUMBER OF SOLDIERS REQUIRED TO CLIMB THE LADDERS, SHOULD BE EQUAL TO HALF THE HEIGHT OF THE LADDER ITSELF; IF IT PLACED FURTHER FROM THE WALL, THE LADDER WILL BREAK EASILY UNDER THE WEIGHT OF THE CLIMBERS; IT TOO UPRIGHT, IT EXPOSES THEM TO DANGEROUS FALLS".

seems to have done all he could to postpone its application. "And that, if a straight line falling on two straight lines produces interior angles and on the same side smaller than two straight lines, the two lines, if infinitely extended, will meet on the side of the smaller of the angles of the two straight lines". Beyond proposition I,26, this Postulate becomes inevitable, whether it is a matter of checking that the sum of the angles of a triangle are equal to two right angles (I,32) or to prove the two final propositions of Book I, known as Pythagoras' Theorem (I, 47 and its reciprocal I,48).

Thales ought thus to have had the means to measure distant objects merely by using Proposition I,26, in other words without resorting to the theorem that bears his name and for which Alberti sets the scene so well in his Ludi Matematici[16]. So Thales ought to have had the means to measure inaccessible distances without recourse to the concept of parallelism. The attribution of the famous theorem to Thales therefore points not to the actual nature of the proposition but to the problem it was designed to solve, i.e. the measurement of remote objects. This was a problem that Thales posed and resolved, but he did so by means other than proportional transformation. The Theorem must therefore have been named incorrectly because it provides a very efficient method of resolution only if one has available the concept of parallelism with which to resolve problems of the type posed by Thales. What Thales has put his name to in the Theorem is the problem, not the method of solving it.

In the absence of a method of measuring angles, the simplest way of expressing a gradient is to place the vertical height and horizontal distance in relation to each other, a relationship which we call co-tangential and which the Egyptians were already using in their calculations of seq'd. This type of relationship would soon find practical application for a builder who wanted to measure the batter of a wall or column, and it is probably this variable that Vitruvius intended to leave to the initiative of soldiers when he mentions the question of scaling-ladders to be erected for a siege[17]. On the other hand, the difference should be borne in mind between the archaic measurement of an angle by its cotangent and its true measurement, expressed in degrees, for example.

Only the latter would actually make it possible to add angles together and show their properties such as the sum of the angles of a triangle being equal to 180°. In other words, the co-tangent makes it possible to perform a measurement but it does not provide these angles with the fundamental operation which consists of addition.

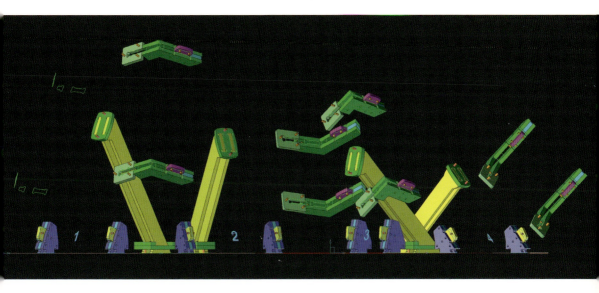

This would lead to the supposition that the resolution of the problems of measurement of remote objects, merely by using Proposition I,26, was performed by viewing the inaccessible object, a view which would then be transferred to squares which would subsequently be restored and measured at actual size on an accessible plot of land. Thus Heath[18] imagined that one could watch a ship at sea from a tower then, turning a setsquare on its vertical side, move the point angled towards the coast which could then be measured on the ground. This reveals the relationship between distance/height of the setsquare and the real situation, on sea or land, which cannot be thought of as true propor-

[19] ELEMENTS, I, DEF. 14: "A FIGURE IS THAT WHICH IS CONTAINED BY SOMETHING OR BY SEVERAL BOUNDARIES".
[20] SEE BERNARD VITRAC, NOTE 61 IN HIS COMMENT TO DEFINITIONS I, DEF. 14 ABOVE, IN EUCLIDE, LES ELÉMENTS, VOLUME 1, PUF, 1990, PAGE 161
[21] MAURICE CAVEING: OP.CIT., PAGE 721

tions. These relationships are still only considered to be similar, like those of two homothetic triangles inserted one inside the other to form two similar figures but not ones that are equal or congruent. In this archaic mathematics, 1/2 is similar to 2/4, but the two ratios retain their individuality as binary relationships that cannot be confused with each other, and this remained the case for as long as the proportional relationships simultaneously involved types of congruence: 1/2=2/4 had not been invented.

Similarly, the angles of the setsquare and the true situation had not yet been measured and thus could not appear to be equal. Nor could these angles appear to be similar, like the triangles of which they constituted elements. And it is this similarity of which Proposition I,26 bears the traces. In order for there to be congruence, in addition, one of the sides must be equal. The distance must thus be transferred to terra firma. Here again, the first setsquares used were probably 45° setsquares which were presented as the result of a dichotomy on the initial symmetrical figure of the square. These types of setsquares represented those remarkable moments when a shadow was the same height as the gnomon. It was only subsequently that other types of setsquares were used.

As Maurice Caveing summarises the situation so succinctly: "abstraction consists in reducing the number of axes of symmetry: we are witnessing the destruction of the centre". In this process, a distinction must be made between the schema – individual, closed symmetrical figures[19] – and the diagramma[20] consisting of "geometrical situations such as the insertion of the right-angled triangle within a half-circle[21]". In addition to actual demonstrations such as, for example, those used by Euclid to establish the discoveries of Thales, the arguments of the Ionian mathematicians must have included commentaries on the manipulation of geometrical figures. "Archaic geometry consists, in view of a certain number of schemas that played the part of original objects and thus replaced, as it were, geometrical pre-concepts, of the transmutation of a practical problem, such as the measurement of a distant object in a diagramma by means of a series of intermediate schemas. Geometrical knowledge was thus constituted not from a series of state-

ments linked by a chain of demonstrable axioms but by the study of a series of standard situations, illustrated with figures, a study consisting in observing, in a given situation, the combination of intuitively known properties of simple figures introduced into this situation, and recording such an observation, with the possible addition of a commentary. There would be a progression through a network of morphological identities".

Later in his book, Caveing provides another very cogent example of how the properties of asymmetrical figures could be shown on the basis of symmetrical diagrams. He hypothesises that the idea of resolving the quadrature of the circle through the properties of lunes had come to Hippocrates of Chios through "contemplating" diagrams in rosette shapes.

On this basis, Hippocrates would first have considered lunes in the most simple symmetrical case of a square drawn inside a circle, in which it would be shown that the area of the four lunes was equal to that of the square.

From this totally symmetrical case, he would have passed to the more general and less symmetrical case of lunes defined by a right-angled triangle drawn inside a circle, the hypotenuse of the triangle being the diameter of the circle.

He then tackled the case of a semi-hexagon, whose surface exceeded that of his three lunes by the value of half a circle.

Hippocrates would then have asked himself how he could distort the hexagon in such a way that the area would be constrained relatively to those of the lunes that he defined, knowing that eventually, the mathematician, author of the first elements of geometry, would realise that he was on the wrong track and that he could not continue to try and perform this task, thus permitting him to draw a conclusion about the quadrature of the circle.

The mode of thought described by Maurice Caveing would seem to correspond totally to the relationship introduced by Vitruvius between

[22] THUS, IF BOTH HANDS ARE PLACED FACING IN THE SAME DIRECTION ON A TABLE, THEY CANNOT BE SUPERIMPOSED, FOR IN ORDER TO DO SO, ONE OF THEM NEEDS TO BE TURNED OVER, WHICH PRESUMES THAT IT HAS BEEN REMOVED FROM THE PLANE OF THE TABLE, OR THAT IT HAS UNDERGONE A SYMMETRICAL CHANGE.

the diagram of the compass rose and the schematic of the plan of the Tower of the Winds. Thus the architect can begin to trace his diagram on the ground at any time in the morning, because he accepts without saying so that the gnomon will produce a symmetrical shadow in the afternoon. He should not be too severely reproached for making this implicit assumption because he would have had no word with which to name this property, knowing that Latin merely repeated the Greek sym-metria which meant "commensurability" rather than "symmetry". The absence of a word for "symmetry" shows to what extent the concept had become so intuitive in Antiquity that there was no need to give it a name. One might remark that Euclid's Elements neglected the question of the equality of two symmetrical figures that cannot be superimposed by displacing them in a drawing[22]. But doesn't the eight-point compass rose play the role of an open diagram (diagramma), i.e. the general geometrical situation into which the closed figure (schema) of the Tower of the Winds is inserted? Furthermore, isn't it remarkable that Vitruvius took as the inaugural building for his treatise, one whose plan shows many axes of symmetry, the number of axes reducing as soon as he moved to the temples, whose rectangular plan illustrates a length that is double the width? Finally, it would seem very relevant to note that the thought behind this architectural project has retained something of this archaic geometry in which discourse and formal intuitive properties were formulated on a basis from which a few islets of axioms emerged.

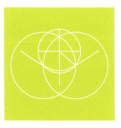

Caveing stresses, as a last resort, the contingent nature of the disruption of symmetry and order, following which the first geometrical properties emerged. "In this sense, there is no such thing as the origin of geometry". Thales, the astronomer, questioned the regularity of the shapes of the constellations and measured the height of a pyramid by the shadow it casts, which is nothing more than measuring the height of the sun. "From the constellation, an irregular figure, the subject of interpretative myths, to the geometric figure, the object of knowledge, there are the regular drawings of decorative assemblages of circles and polygons that perform the transition: cultural and aesthetic mediation".

[23] CONCEPT OF THE EULERIAN GRAPH.
[24] MARCIA ASCHER
[25] NICOMACHUS OF GERASA, 65, C.E.-135 C.E.

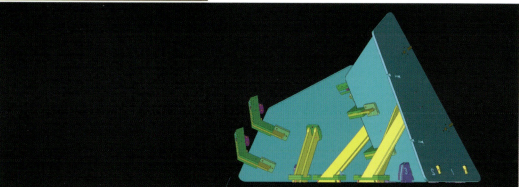

And it is true that decorative figures such as these could have been produced from all other geometric properties. Thus, from the schema shown above, we might suggest imagining that all sorts of properties belonging to very different geometries could be extracted. These might be symmetrical properties of the type that we have just reviewed, but they could just as well be topological properties of the theory of graphs if one seeks to cover all the bases once and for all, while returning to the starting point[23], just as some African cultures do for amusement[24]. The homothetic properties could just as easily be demonstrated on the basis of the similarity between a large and a small square. With a little more effort, one could also see this same schema as representing a cube seen in perspective. Or better still, one might consider that this is a special case of the projection of any polyhedron and begin to subdivide each of the polygons into triangles. These triangles would then be removed one by one, taking account of the number of faces, edges and apexes, and one would eventually discover Euler's Formula of invariability $F+S-A=2$. It would appear that this fundamental topological invariable constitutes a good example of possible bifurcation which was not used until much later, even though it had been indicated in a remark made by Nicomachus of Gerasa[25] who claimed in his

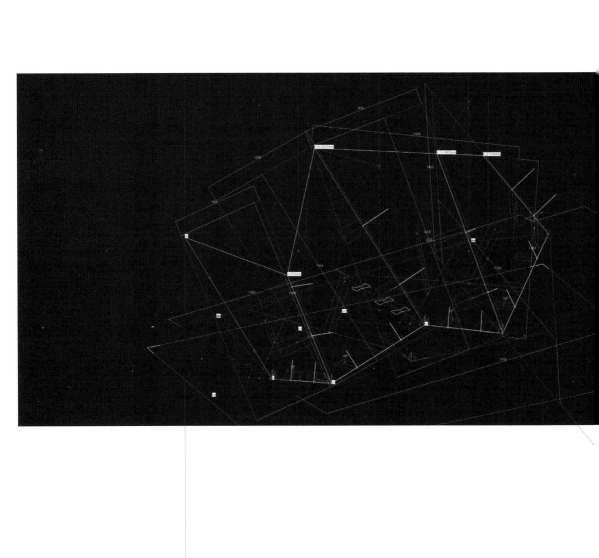

[26] BUT THERE ARE SERIOUS DOUBTS AS TO THE REAL MATHEMATICAL SKILLS OF THIS PHILOLOAS, WHO WAS A CONTEMPORARY OF SOCRATES.

Arithmetike eisagoge (Introduction to Arithmetic), II,26,2, that Philolaos recognised the cube as being a harmonic mediate for two reasons. This is because the figure was a solid with 6 faces, 8 apexes and 12 edges. From this consideration to the constitution of tables in which the number of faces, edges and apexes were counted in order to determine that their difference remained equal to two, regardless of the polyhedron, there was only one line of reasoning; yet it was not grasped either by Philolaos[26], nor by Nicomachus. So much for stating the theorem. As regards its proof, it should be noted that Plato himself, in his Timaeus, used a process of decomposition of polygonal surfaces into triangles, a procedure that is the basis of Euler's Theorem of invariability. It is interesting to note that Euler's invariable provides the means to demonstrate arithmetically that regular polyhedrons must be five-sided. This is all that was needed. It is a good example of the multiple ways in which mathematics could have developed, only some of which were ever actually used historically speaking. That is why invention sometimes consists of retaking a path already trod.

So are the Greeks considered to have led to the discovery of the properties of metrication and proportionality? For a host of reasons, which are based largely on the way in which they considered identity and representation. But what is of most significance to us, as contemporary architects, is to understand how the concept of a diagram works, in order to return through it to the origins of geometry and allow spatial properties to emerge in architecture that best represents the way in which we currently negotiate invariables through variation.

LES DIAGRAMMES DE THALÈS, OU LES ORIGINES DE LA GÉOMÉTRIE PAR DELÀ LES MYTHES.

C'est un lieu commun : c'est hors les murs que la pensée grecque incline à la raison, dans une colonie d'Asie Mineur, plus précisément à Milet, à l'orée du VIème siècle. De Thalès, l'homme qui fait figure d'initiateur, nous n'avons aucun texte et nous ne savons pas grand-chose. Hérodote[1] nous en parle comme d'un astronome[2] ou d'un ingénieur, mais on le dit également entrepreneur dans le commerce d'olive et homme politique instigateur, entre autre, de la Confédération pan ionienne[3]. Platon cite son nom à deux reprises[4], une première fois dans le Théétète où il conte l'anecdote de la chute du savant distrait dans un puits, puis une deuxième fois dans la République où son ingéniosité technique est saluée.

Pour ce qui est plus précisément de la géométrie, Proclus le nomme dès le tout début de son abrégé d'histoire de la géométrie qui chapeaute son Commentaire au livre I des Eléments d'Euclide. Thalès y apparaît au carrefour du double héritage Babylonien et Egyptien : « Or de même que chez les Phéniciens, du fait du commerce maritime et des contrats, débuta la connaissance précise des nombres, de même aussi chez les Egyptiens a été découverte la géométrie pour la raison susdite. Thalès, après s'être rendu en Egypte, transporta en Grèce cette étude et, s'il trouva lui-même de nombreux résultats, il mit ses successeurs sur la voie de beaucoup d'autres, usant d'approches tantôt plus universelles (katholikôteron), tantôt plus empiriques (aisthêtikôteron).[5] »

Sur la base de ces quelques informations, s'est construite l'image de Thalès à l'ombre des pyramides, dont l'axe vertical, parallèle au gnomon qui les mesure, matérialiserait le théorème qui porte le nom du philosophe ionien. Cette image est particulièrement riche, si l'on commence à l'analyser. S'y trouvent d'abord conjointes, en effet, deux figures d'origine de l'architecture d'une part et de la géométrie d'autre part, en l'espèce de ces blocs stéréométriques pyramidaux datant du début du IIIème millénaire[6]. Le gnomon lui-même dont l'étymologie grecque veut dire « l'instrument qui connaît » se trouve au carrefour de la mesure du temps et de l'espace. Selon qu'on s'intéresse à la variation de son ombre ou, au contraire, à sa conjonction avec d'autres objets invariants tels précisément la pyramide, le gnomon fonctionne comme un cadran solaire ou comme un instrument de mesure d'objets distants. Si enfin on veut bien considérer les propriétés de l'ombre de la pyramide, on pourrait même y entrevoir une amorce de géométrie projective, la pyramide matérielle verticale n'étant alors qu'un cas particulier de ces pyramides visuelles obliques que gravera Abraham Bosse pour illustrer les théories de cet architecte du XVIIème siècle : Girard Desargues[7]. En tous cas, très techniquement, le gnomon s'est véritablement dématérialisé pour devenir un outil mathématique en deux occurrences au moins. Dans l'arithmo-géométrie des nombres figurés pythagoriciens du Vème siècle, le gnomon est cette équerre qui représente le nombre impair de cailloux qui, ajouté à un carré, produit le nombre carré suivant, ce qu'en termes modernes nous formulerions par $n^2 + 2n + 1 = (n+1)^2$.

Puis, plus tard, dans les Eléments d'Euclide, au livre II en particulier, consacré à la transformation des figures rectilignes à surface constante, le gnomon fait l'objet de la définition 2 « Dans toute aire parallélogramme, que l'un quelconque des parallélogrammes qui entourent la diagonale pris avec les deux compléments soit appelé gnomon. » De fait, les propositions que démontre géométriquement ce livre II, correspondent pratiquement aux problèmes de type algébrique qu'on retrouve sur des tablettes mésopotamiennes du début du IIème millénaire[8]. Mais cette branche là de la généalogie, les grecs des VIème et Vème siècle ne sont pas forcément disposés à s'en souvenir, soumis qu'ils sont à la pression des peuples d'Asie mineure, cause des guerres médiques.

En revanche, d'une façon ou d'une autre, les grecs valorisent leurs liens à l'Egypte, dont d'ailleurs, ils ont hérité le système de numération décimale et les procédés calculatoires à base de dimidiation et de duplication, lesquels vont profondément orienter la philosophie et la mathématique grecque. De là deux types récits inverses. Celui d'Hérodote d'un part qui raconte que la géométrie tire son origine de l'arpentage renouvelé des terrains inondés à chaque crue du Nil, où donc la géométrie apparaît comme le rétablissement des mesures effacées par la destruction des eaux. Et puis les récits de Platon où les prêtres égyptiens expliquent à Solon que l'Egypte, au contraire des autres pays, a pu conserver le savoir antique du fait qu'elle échappe à tout cataclysme naturel. « Solon, Solon, vous autres grecs êtes toujours des enfants ; vieux un grec ne peut l'être.[9] ». Toute cette sédimentation d'images est donc très riche, mais ne doit pas empêcher de s'interroger plus précisément sur les mécanismes de pensée qui ont pu conduire à la considération de premières propriétés géométriques. C'est là tout l'intérêt de l'enquête que mène Maurice Caveing au début de son livre exigeant : « La figure et le nombre.[10] »

Caveing part de l'affirmation de Proclus qui crédite Thalès de quatre découvertes géométriques qu'on retrouve dans le livre I des Eléments :
1- la division du cercle par son diamètre en deux parts égales = El. I, Def. 17
2- l'égalité des angles à la base du triangle isocèle = El. I, 5
3- l'égalité des angles opposés par le sommet à l'intersection de deux droites = = El. I, 15
4- l'égalité des triangles ayant un côté égal et deux angles égaux = = El. I, 26

Découvertes auxquelles Diogène Laerce ajoute une cinquième apparaissant celle-ci au livre III des Elements :
5- l'inscription du triangle rectangle dans un cercle dont l diamètre coïnciderait avec l'hypoténuse = = El. III, 31

Curieuse liste puisque n'apparaît nulle part le fameux théorème de Thalès. Par ailleurs, que faut-il comprendre lorsque Proclus dit que Thalès a « démontré » son premier résultat ? Quelle sorte de démonstration Thalès a-t-il pu mener quand Euclide s'est résolu à ranger cette propriété dans la définitio ême du diamètre[11], donc sans démonstration ? Et puis quel rédit peut-on accorder sur ces points très précis à un Proclus ui écrit quelque mille ans après l'éclipse observée par Thalès. Or tout porte à croire que, s'il n'a pas eu le texte même de Histoire de la Géométrie d'Eudème de Rhodes[12], Proclus en a des recueils assez fidèles. Eudème lui-même devait avoir eu n main les écrits d'Hippocrate de Chio, dont les tout premiers léments de Géométrie, et il y a tout lieu de penser que l'Ecole e Chio ait pu recueillir des informations précises en provenance de Milet : les deux villes sont très proches, et Milet ne ut détruite qu'en -494, soit une génération seulement avant apogée de l'activité d'Oenodipe de Chio. Bref, la chaîne de ansmission historique en aval de laquelle se trouve Proclus st suffisamment fiable pour qu'on la prenne au sérieux.

n 1907, Moritz Cantor[13] a émis l'hypothèse que la propriété 'égale division du cercle par le diamètre pouvait résulter de la onsidération de roues concrètes comme on en connaissait en Egypte depuis le deuxième millénaire, soit de figures rnementales en forme de roues, caractéristiques de la céra-ique géométrique à la sortie des « temps obscurs », quand es grecs retrouvèrent l'écriture. Un tel dessin donnerait un aractère intuitif au partage du cercle en deux parties égales uivant l'un de ses multiples diamètres.

ans la Figure et le Nombre[14], Maurice Caveing pointe alors ait que l'ensemble des cinq découvertes attribuées à Thalès ar Proclus relève de figures qui, soit sont symétriques, soit euvent facilement être rendues symétriques, tel le triangle ectangle inscrit dans le cercle qui donne lieu à un rectangle entré lorsqu'on dessine le triangle symétrique dans le cercle. . Caveing développe alors l'idée très convaincante suivant aquelle les toutes premières démonstrations géométriques nt consisté dans la manipulation des propriétés intuitives de gures géométriques symétriques, telles que celles des carrelages ou des vases géométriques. Ainsi la notion de similitude -t-elle pu apparaître avant même toute notion d'angle, de proortion et bien évidemment d'homothétie. Deux cercles concentriques ou deux triangles équilatéraux suffisent à donner idée de figures non superposables et pourtant semblables. De à l'émergence de la notion de forme, du semblable (omoios) ui n'est pas l'égal (isos).

t c'est progressivement que l'on serait passé de la manipulation de formes totalement symétriques à celle des formes moins égulières, pour enfin considérer des figures quelconques. Il y urait donc eu comme une séquence, commençant avec le ercle de symétrie au nombre infini d'axes de symétrie (1ère découverte de Thalès), se poursuivant avec les polygones réguliers au nombre d'axes toujours plus restreint, pour aboutir au riangle équilatéral qui conserve une symétrie ponctuelle mais 'a plus que trois axes. A partir de quoi un saut serait franchi our abandonner la symétrie ponctuelle et ne conserver que a seule symétrie axiale dans la figure du triangle isocèle non quilatéral, avec une variante rectangle et une variante quelonque (2ème découverte de Thalès). Plus avant, on aurait ac-

cédé à la figure quelconque en brisant des figures axiales pour n'en retenir que l'une des moitiés comme un triangle rectangle quelconque peut être extrait d'un rectangle. Enfin, la symétrie aurait-elle pu n'être considérée non plus dans la figure elle-même, ni même dans une autre figure venant l'englober, mais dans ses seuls éléments. Plus exactement, on aurait assisté à un transfert des propriétés de la figure vers ses éléments, transfert qui suffit à démontrer empiriquement, ou encore « esthétiquement » comme le dit Proclus, l'égalité des angles opposés par le sommet (3ème découverte de Thalès).

Ainsi a pu commencer d'apparaître la notion d'angle sans qu'on en ait encore la mesure. C'est de toute évidence que sont égaux les quatre angles d'un cercle divisé par deux diamètres orthogonaux, il y a simplement transfert de la symétrie de la circonférence vers les éléments internes. C'est cette évidence là, totalement intuitive, qui permet encore Vitruve de commencer sa procédure de tracé des cadrans solaires à n'importe quel heure sans disposer de mot pour nommer la propriété en cause. Mais, pour revenir au tout début de la géométrie, en lieu et place d'une démonstration logique, nous aurions eu des manipulations de figures accompagnées d'un discours qui n'articulait pas encore de véritables concepts. Et Maurice Caveing d'insister sur le fait que Thalès n'avait pas lui-même pas démontré l'égalité des angles opposés par le sommet. La propriété élargie à un angle quelconque généraliserait le résultat particulièrement évident pour les quatre angles droits déterminés par deux segments orthogonaux, propriété qui fait d'ailleurs l'objet du 4ème postulat d'Euclide[15]. Cette généralisation de l'angle droit à l'angle quelconque procède de la considération des diagonales lorsqu'on passe du carré au rectangle.

Parvenu au commentaire de la quatrième découverte de Thalès, Proclus cite explicitement Eudème qui affirme que la connaissance de cette propriété était nécessaire à Thalès pour mesurer des objets distants tels que des bateaux en mer. Dans son commentaire du livre premier d'Euclide, nous n'en sommes cependant qu'à la proposition I,26, c'est-à-dire juste avant la charnière de la fameuse proposition I,27 : « Si une droite, tombant sur deux droites, fait des angles alternes égaux entre eux, ces droites seront parallèles l'une à l'autre. ». Jusque là, Euclide avait pu tout démontrer sur la seule base des quatre premiers postulats, et c'est à cette proposition I,27 qu'il fait appel au postulat des parallèles dont il semble avoir tout fait pour différer l'usage au plus tard. « Et que, si une droite tombant sur deux droites fait les angles intérieurs et du même côté plus petits que deux droits, les deux droites, indéfiniment prolongées, se rencontrent du côté où sont les angles plus petits que deux droits ». Au-delà de la proposition I,26, ce postulat devient inévitable, qu'il s'agisse de vérifier que la somme des angles d'un triangle est égale à deux droits (I,32) ou encore de démontrer les deux propositions finales du livre I, connues sous le nom de théorème de Pythagore (I, 47 et sa réciproque I,48).

Thalès devait donc avoir un moyen de mesurer les objets à distance avec la seule proposition I,26, autrement dit sans le

---

[1] HISTOIRES, I, 74
[2] THALÈS PRÉDIT UNE ÉCLIPSE QU'ON PEUT DATER CERTAINEMENT EN -585
[3] CLISTHÈNE L'ATHÉNIEN, P66
[4] THÉÉTÈTE, 147A ; RÉPUBLIQUE, 600A
[5] PROCLUS (+438, +485) : COMMENTAIRES AU LIVRE I D'EUCLIDE , 65, 3-11 ;
[6] À PARTIR DE -2800 ENVIRON
[7] IL S'AGIT LÀ, ÉVIDEMMENT, D'UN INTERPRÉTATION RÉTROSPECTIVE QUI NE SIGNIFIE ABSOLUMENT PAS QU'IL Y AURAIT EU UNE PRÉFIGURATION DE GÉOMÉTRIE PROJECTIVE DANS L'ANTIQUITÉ. EN REVANCHE, D'UN POINT DE VUE AUTRE QUE CELUI DE L'HISTOIRE DES SCIENCES, LA CONJONCTION DE CES PYRAMIDES N'EST PAS SANS INTÉRÊT.
[8] VERS -1800 ENVIRON
[9] TIMÉE, 22B
[10] MAURICE CAVEING : LA FIGURE ET LE NOMBRE, RECHERCHES SUR LES PREMIÈRES MATHÉMATIQUES DES GRECS , PRESSES UNIVERSITAIRE DU SEPTENTRION, 1997
[11] ÉLÉMENTS, I, DÉF. 17 : « ET UN DIAMÈTRE DU CERCLE EST N'IMPORTE QUELLE DROITE MENÉE PAR LE CENTRE, MIMITÉE DE CHAQUE CÔTÉ PAR LA CIRCON-FÉRENCE DU CERCLE, LAQUELLE COUPE LE CERCLE EN DEUX PARTIES ÉGALES »
[12] EUDÈME DE RHODES : DISCIPLE D'ARISTOTE, AUTEUR DE LA PREMIÈRE ET PRINCIPALE HISTOIRE DE LA GÉOMÉTRIE ANTIQUE QUI FUT ÉCRITE VERS -330, SOIT UNE TRENTAINE D'ANNÉE AVANT QU'EUCLIDE RÉDIGE SES ÉLÉMENTS. LE TEXTE A MALHEUREUSEMENT TRÈS VITE DISPARU ET A SURVÉCU SOUS FORME DE RECUEILS. LA PREMIÈRE PARTIE DE L'ABRÉGÉ HISTORIQUE QUI CHAPEAUTE LE COMMENTAIRE DE PROCLUS, SERAIT LA DESCRIPTION FIDÈLE D'UN FRAGMENT DE L'HISTOIRE D'EUDÈME. CET ABRÉGÉ FIGURE DANS P.H MICHEL P. 168.
[13] MORITZ CANTOR : VORLESUNGEN ÜBER GESCHICHTE DER MATHEMATIK, I, 3È ÉD. LEIPZIG, 1907, P. 109 ET 140
[14] MAURICE CAVEING : LA FIGURE ET LE NOMBRE, RECHERCHES SUR LES PREMIÈRES MATHÉMATIQUES DES GRECS , PRESSES UNIVERSITAIRE DU SEPTENTRION, 1997
[15] 4ÈME POSTULAT DES ÉLÉMENTS : « ET QUE TOUS LES ANGLES DROITS SOIENT ÉGAUX ENTRE EUX » ; À NOTER LA PROXIMITÉ DE CE POSTULAT AVEC LE DIAGRAMME DE L'INAUGURATIO.

théorème qui porte son nom et qu'Alberti met si bien en scène dans ses Ludi Matematici[16]. Thalès devait donc avoir le moyen de mesurer des distances inaccessibles sans recourir à la notion de parallèle. L'attribution du fameux théorème à Thalès pointerait donc non pas la nature même de la proposition mais sa problématique, à savoir la mesure d'objets à distance. Problème qu'avait bien posé et résolu Thalès mais par d'autres moyens que l'homothétie. C'est donc à rebours que ce théorème a dû être ainsi dénommé, parce qu'il fournit un mode de résolution très efficace, dès lors qu'on dispose de la notion de parallèle, pour résoudre des problèmes du type de ceux posés par Thalès. Ce que Thalès signe de son nom dans ce théorème, c'est le problème et non sa résolution.

En l'absence de mesure des angles, le moyen le plus simple d'exprimer une pente est de mettre en rapport la hauteur verticale et la distance horizontale, rapport auquel nous donnons le nom de cotangente et que les Egyptiens utilisaient déjà dans leurs calculs de seq'd. Ce type de rapport s'impose très vite dans la pratique à tout constructeur souhaitant mesurer le fruit d'un mur ou d'une colonne, ou encore la longueur au sol d'un escalier devant franchir une hauteur d'étage donnée, et c'est probablement cette variable que Vitruve entend laisser à l'initiative des soldats lorsqu'il évoque la question des échelles à dresser en cas de siège[17]. En revanche, il importe de garder présent à l'esprit la différence entre la mesure archaïque d'un angle par sa cotangente et sa véritable mesure exprimée, par exemple, en degrés. Seule cette dernière permet en effet d'additionner des angles et de mettre en évidence des propriétés telles que la somme des angles d'un triangle égale à 180°. Autrement dit la cotangente permet bien une mesure, mais elle ne munit pas les angles de cette opération fondamentale qu'est l'addition.

Ce que laisse supposer la résolution de problèmes de mesure d'objets distants à l'aide de la seule proposition I,26 c'est qu'on procédait à des visées de l'objet inaccessible qu'on reportait sur des équerres et qui faisait en suite l'objet d'une restitution et d'une mesure en vraie grandeur sur un terrain accessible. Ainsi Heath[18] imagine-t-il que d'une tour on vise un bateau en mer puis que, faisant tourner l'équerre sur son côté vertical, on reporte le point visé sur le rivage qui peut alors être mesuré au sol. On comprend alors que les rapports distance / hauteur de l'équerre et de la situation réelle, en mer ou sur terre, puissent ne pas encore être pensés comme de véritables proportions. Ces rapports ne sont encore pensés que comme semblables, à l'image de deux triangles homothétiques insérés l'un dans l'autre qui forment deux figures semblables et non pas égales ou identiques. Dans cette mathématique archaïque, $1/2$ est semblable à 2/4, mais les deux rapports conservent leur individualité en tant que relations binaires qui ne peuvent être confondues, et ceci aussi longtemps que ne sera pas inventé la relation proportionnelle engageant simultanément les quatre termes dans une égalité : $1/2=2/4$.

Et de la même façon, les angles de l'équerre et de la situation réelle ne sont pas encore mesurés et ne peuvent donc pa apparaître comme égaux. Aussi ces angles ne peuvent-ils ap paraître que comme semblables, à l'image des triangles don ils constituent des éléments. Et c'est d'ailleurs bien de cett similitude que la proposition I,26 porte la trace : pour qu'il y ai égalité, il faut, en plus, que l'un des côtés soit égal. On devr donc reporter la distance sur la terre ferme. Là encore, les pre mières équerres utilisées furent probablement des équerre à 45° qui se présentaient comme le résultat d'une dichotomi sur la figure symétrique initiale du carré. De telles équerre correspondaient à ces moments remarquables où l'ombre es égale à la hauteur du gnomon. C'est seulement par la suit qu'ont dû être utilisée des équerres quelconques.

Comme le résume si bien Maurice Caveing : « l'abstractio consiste à réduire le nombre des axes de symétrie : nous as sistons à la destruction du centre ». Dans ce processus, il fau distinguer entre les schêma que sont les figures symétrique closes isolées[19] et les diagramma[20] qui consistent en des « situations géométriques telles que l'inscription du triangl rectangle dans le demi-cercle[21] ». Plus qu'en des démonstra tions proprement dites telles que, par exemple, celles qu'utilis Euclide pour établir les découvertes de Thalès, les argumen tations des mathématiciens ioniens devaient consister dan le commentaire de manipulations de figures. « La géométri archaïque consiste, étant donné un certain nombres de schê ma qui jouent le rôle d'objets primitifs et tiennent lieu, pou ainsi dire, de pré-concepts géométriques, à transformer u problème pratique tel que la mesure d'un objet distant en u diagramma au moyen d'une série de schêma intermédiaires Le savoir géométrique est donc constitué, non pas d'une suit d'énoncés reliés par une chaîne démonstrative axiomatisée mais par l'étude d'une série de situation figurées type, étud qui consiste à observer dans la situation donnée, la combinai son des propriétés intuitivement connues des figures simple qui entrent dans cette situation, et à rendre compte de cett observation avec éventuellement un commentaire. Il se meu au niveau d'un réseau d'identités morphologiques. »

Un peu plus loin dans son livre Caveing fournit un autre exemp le très parlant de la mise en évidence de propriétés de figure dissymétriques sur fond de diagrammes symétriques. Il éme en effet l'hypothèse que l'idée de résoudre la quadrature d cercle par le biais des propriétés des lunules, serait venue Hippocrate de Chio sur la base de la « contemplation » de di agrammes en rosace.

A partir de là, Hippocrate aurait d'abord considérés les lunule dans le cas symétrique le plus simple d'un carré inscrit dan un cercle, où il aurait démontré que la surface des quatre lu nules est égale à celle du carré.

De ce cas totalement symétrique, il serait passé au cas plu général et moins symétrique des lunules définies par un tri angle rectangle inscrit dans un cercle dont l'hypothénuse es le diamètre.

Puis il aurait abordé le cas du demi hexagone, dont la surface excède celle de ses trois lunules de la valeur d'un demi-cercle.

Hippocrate se serait alors demandé comment déformer l'hexagone de manière à ce que sa surface se restreigne relativement à celle des lunules qu'il définit, sachant que, finalement, le mathématicien, auteur des premiers Éléments de géométrie, se serait rendu compte de ce qu'il faisait fausse route et ne pourrait balayer exhaustivement les cas de figures qui lui permettrait de conclure au sujet de la quadrature du cercle.

Ce mode de pensée décrit par Maurice Caveing nous semble correspondre totalement à la relation instaurée par Vitruve entre le diagramme de la rose des vents et le schéma du plan de la Tour des vents. Ainsi l'architecte, peut-il commencer à tracer son diagramme sur le sol n'importe quelle heure de la matinée, parce qu'il admet sans le dire que le gnomon produira une ombre symétrique dans l'après-midi. Ne le lui reprochons pas trop sévèrement cet hypothèse implicite car quel mot aurait-il employé pour nommer cette propriété, sachant que le latin reprenant le grec symmetria signifiait commensurabilité et non pas symétrie ? Cette absence de mot pour dire la symétrie dit bien à quel point cette notion devait être si intuitive dans l'antiquité, qu'elle n'avait pas besoin d'être nommée entant que telle. On aura d'ailleurs remarqué que les Éléments d'Euclide négligent la question de l'égalité de deux figures symétriques qui ne sont pas superposables en les déplaçant dans un plan[22]. Ensuite, la rose à huit vents ne joue-t-elle pas le rôle de diagramme ouvert (diagramma), c'est-à-dire situation géométrique générale dans laquelle vient s'insérer la figure close (schêma) de la Tour des vents. Et par ailleurs n'est-il pas remarquable que Vitruve prenne comme édifice inaugural de son traité, un bâtiment dont le plan présente de très nombreux axes de symétrie, ce nombre d'axes se réduisant aussitôt qu'il passera aux temples dont le plan rectangulaire présente une longueur double de la largeur. Et finalement, il nous semble fort pertinent de relever que la pensée du projet en architecture a conservé quelque chose de cette géométrie archaïque où s'articulaient discours et propriétés formelles intuitives sur la base desquels ont émergé quelques îlots axiomatisés.

Caveing insiste en dernier ressort sur le caractère contingent des ruptures de symétrie et de l'ordre suivant lequel ont émergé les premières propriétés géométriques. « En ce sens, il n'y a pas d'origine de la géométrie. » Thalès, astronome, questionnait les figures irrégulières des constellations et mesurer la hauteur d'une pyramide par son ombre n'est pas autre chose que de mesurer la hauteur du soleil. « De la constellation, figure irrégulière, objet de mythes interprétatifs, à la figure géométrique, objet d'un savoir, ce sont les figures régulières des assemblages décoratifs de cercles et de polygones qui font la transition : médiation culturelle et esthétique. »

Et il est vrai que de telles figures décoratives pouvaient émerger de tout autres propriétés géométriques. Ainsi du schéma ci-dessus, proposons-nous d'imaginer qu'on puisse tirer toutes sortes de propriétés appartenant à des géométries bien différentes : des propriétés symétriques du type de celle que nous venons de passer en revue, mais tout aussi bien des propriétés topologiques de la théorie des graphes si l'on cherche à en parcourir tous les sommets un seule et une seule fois tout en revenant au point de départ[23] tout comme se sont amusés à le faire certaines cultures africaines[24]. Mais on pourrait tout aussi bien faire émerger des propriétés homothétiques sur la base de la similitude entre le grand et le petit carré. Avec un peu plus d'effort, on pourra également voir dans ce même schéma un cube vu en perspective. Ou mieux encore, on pourra considérer qu'il s'agit d'un cas particulier de projection de polyèdre quelconque et l'on commencera par subdiviser chacun des polygones en triangles, puis retirant ces triangles un à un, tout en tenant le compte de la variation du nombre de faces, d'arêtes et de sommets, on finirait par trouver la formule de l'invariant d'Euler $F+S-A=2$. Il nous semble que cet invariant topologique fondamental constitue un bon exemple de bifurcation possible qui n'a longtemps pas été empruntée alors qu'elle était indiquée par une remarque de Nicomaque de Gérase[25]. Celui-ci affirme dans son Introduction arithmétique, II,26,2, que Philolaos reconnaissait au cube une médiété harmonique « en raison double », ce solide ayant 6 faces, 8 sommets et 12 arêtes. De cette considération à la constitution de tables où l'on compte les nombres de faces, d'arêtes et de sommets pour constater que leur différence reste égale à deux quelque soit le polyèdre, il n'y avait qu'un fil ; qui ne fut pas saisi, ni par Philolaos[26], ni par Nicomaque. Ceci pour l'énoncé du théorème. En ce qui concerne sa démonstration, on remarquera que Platon lui-même utilise dans son Timée un procédé de décomposition des faces polygonales en triangles, procédé qui est à la base de la démonstration de l'invariant d'Euler. Ce qui est intéressant c'est que cet invariant d'Euler donne le moyen de démontrer arithmétiquement que les polyèdres réguliers sont au nombre de cinq. Tout était là. Bon exemple de la multiplicité des chemins de développement possible des mathématiques dont seuls certains furent empruntés par l'histoire. D'où le fait qu'inventer consiste parfois à rebrousser chemin.

Comment donc considérer que les grecs se soient portés vers les propriétés métriques et proportionnelles ? Pour des tas raisons qui tiennent, sans doute, à leur manière de penser l'identité et la représentation. Mais ce qui nous importe le plus à nous, architectes contemporains, est de comprendre le fonctionnement de ce concept de diagramme, pour en revenir aux origines de la géométrie et faire émerger dans l'architecture des propriétés spatiales qui correspondent le mieux à notre façon de négocier aujourd'hui les invariants par variation.

---

[16] CET OUVRAGE, QUI EST EN RÉALITÉ UNE LETTRE, FAIT EXCEPTION DANS LE CORPUS ALBERTIEN. IL EST LE SEUL QU'ALBERTI AIT CONÇU AVEC DES ILLUSTRATIONS. SUR LES ERREURS DE REPRODUCTION DES IMAGES ORIGINALES D'ALBERTI ET LEURS CONSÉQUENCES NÉFASTES SUR LA TRANSMISSION DU TEXTE, CF : FURLAN & CARPO ????

[17] DE ARCHITECTURA X,16,1. SUR LA QUESTION DES ÉCHELLES DE SIÈGE, LOUIS CAILLEBAT ET PHILIPPE FLEURY RENVOIENT À POLYBE, 9,19,5-9 : « LA DISTANCE DU PIED DE LA MURAILLE À L'ÉCHELLE, SUPPUTATION FAITE DU NOMBRE DE SOLDATS APPELÉS À Y MONTER, DOIT ÊTRE ÉGALE À LA MOITIÉ DE L'ÉCHELLE MÊME : PLUS ÉLOIGNÉE DU MUR, L'ÉCHELLE SE BRISERAIT FACILEMENT SOUS LE POIDS DE CEUX QUI FONT L'ESCALADE ; TROP DROITE, ELLE EXPOSERAIT À DES CHUTES DANGEREUSES. »

[18] THIRTEEN BOOKS OF EUCLID, I,305

[19] ÉLÉMENTS, I, DÉF. 14 : « UNE FIGURE EST CE QUI EST CONTENU PAR QUELQUE CHOSE OU QUELQUES FRONTIÈRES »

[20] CF : BERNARD VITRAC, NOTE 61 DE SON COMMENTAIRE DE LA DÉFINITION I, DÉF. 14 CI-DESSUS, IN EUCLIDE, LES ÉLÉMENTS, VOLUME 1, PUF, 1990, PAGE 161

[21] MAURICE CAVEING : LA FIGURE ET LE NOMBRE, RECHERCHES SUR LES PREMIÈRES MATHÉMATIQUES DES GRECS, PRESSES UNIVERSITAIRE DU SEPTENTRION, 1997, PAGE 72

[22] AINSI, POSANT LES DEUX MAINS DANS LE MÊME SENS SUR UNE TABLE, CELLE-CI NE PEUT SE SUPERPOSER L'UNE À L'AUTRE. POUR Y PARVENIR, IL FAUT EN RETOURNER UNE CE QUI SUPPOSE DE LA FAIRE SORTIR DU PLAN DE LA TABLE, OU DE LUI FAIRE SUBIR UNE SYMÉTRIE.

[23] NOTION DE GRAPHE EULÉRIEN

[24] MARCIA ASCHER

[25] NICOMAQUE DE GÉRASE : ff+65, ff+135

[26] MAIS DE GRANDS DOUTENT PÈSENT SUR LES RÉELLES COMPÉTENCES MATHÉMATIQUES DE CE PHILOLOAS, CONTEMPORAIN DE SOCRATE.

[1] CONCEPTION ASSISTÉE PAR ORDINATEUR (COMPUTER-ASSISTED DESIGN).

TOWARDS A NON STANDARD MODE OF PRODUCTION

BERNARD CACHE PATRICK BEAUCÉ OBJECTILE 17 MARCH 2003

This text is the thorough version of the manifesto written by Objectile on the occasion of the Non Standard Architecture exhibition at the Centre Pompidou in Paris (1st december 2003 - 1st march 2004) Objectile explains how new software technics enable to create sophisticated invariants that allow for ever more wider variations. These invariants by variation were already a preoccupation in some texts like the Sophist of Plato. Even more than time based, this approach of new technologies in architecture is deeply rooted in the past.

Under what conditions can a term like "non-standard architecture" have meaning? Perhaps it's easier to begin by answering in a negative way. If, indeed, a non-standard architecture consists of generating more or less soft surfaces which will then be called a building by transferring them onto a battery of production software in order to create very expensive kinds of sculpture which no longer have any relationship with the historical and social sedimentation that makes up a city, then we are only perpetuating the Romantic myth of the artist-architect.

Over and above any polemical intention, this negative exordium must serve us for making a list of a series of criteria to which we would wish to try and positively respond, so as not to allow what is really in play within the possibility of a non-standard architecture at the present time escape us. It is a question of form, city and productivity.

Let's begin by form, since why deny it? this is where the "fascination" lies. And sure enough an extraordinary feeling of power consumes any architect to whom the modelers of CAO[1] give the means to generate surfaces that he or she generally cannot design with a ruler and compasses. In that respect we may consider three different cases. The feeling of all-powerfulness may come in the first instance from such highly ergonomic modelers as Rhino, which provides the means to readily design surfaces sufficiently complex for us to no longer be certain, even, of their spatial coherence. The man in the street still has no idea of this, but delineating the control points of a Nurbs surface in order to generate a fluid surface is now within the range of any user after an

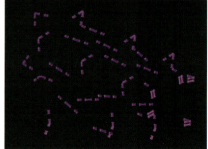

[2] ON ALL SURFACES DEVELOPABLE ON A PLANE, THE SUM OF THE ANGLES OF A TRIANGLE REMAINS CONSTANT AND EQUALS 180°.
[3] AN ITALIAN COMPANY, THE MARKET LEADER IN FACADE FACINGS FOR ODDLY SHAPED BUILDINGS OF GREAT SIZE.

apprenticeship of just half an hour, and that's how it should be. That on the other hand it may then be a question of controlling these surfaces, of modifying them by intervening on their coordinates, of giving them a thickness and of fabricating them, that's a whole new ballgame: namely, to shift the problems onto someone else while multiplying the budget. Whence the adage, repeated time and again by lucid architects like Alejandro Zaera Polo: nothing gets built that isn't transposable onto Autocad.

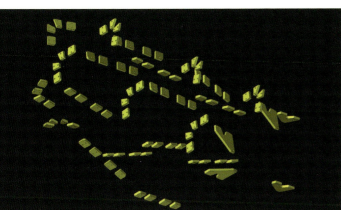

Second case: the use of complex generators such as simulators of particle movements that we find on imagery software programs like Maya, Softimage and others. Software programs that are not criticizable in themselves, but which were never intended for fabricating concrete objects, and which therefore hardly concern themselves with assuring, for example, that the four corners of a flat board are coplanar. In the first instance, the fascination grows out of the simplicity of an extremely transparent interface; in the second this feeling comes, on the contrary, from the fact of us having available motors so complex that we no longer control the generation drive, and that the result gets to us as if covered with a mantle of innocence, so to speak: that of randomness or of accident. In the event, this chaos is entirely determinist, but as we don't understand the algorithmic determinants the forms are stamped with a sort of aura conferred by their alleged aleatoriness.

Lastly, there's a third and finally much more honest instance which consists of dispensing with the computer black box and simply twisting sheets of paper, like a time-honored sculpture sketch, a process that has the advantage of creating developable surfaces, namely of nil curvature, which boils down to saying that these surface are intrinsically Euclidian[2]. The paper model will then have to be digitalized in order to transfer it onto a software program that regularizes its surfaces, before turning over the files to virtuoso outfits in architectural prêt à porter like Permasteelisa[3].

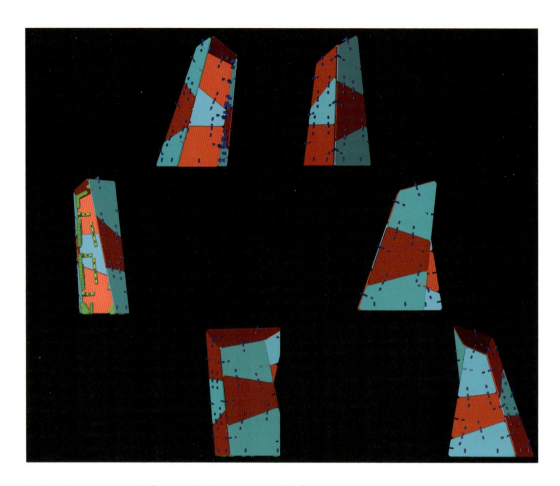

In these three strategies the "non-standard" amounts to saying "original" or "complex", but in all these instances we remain stuck in a Fine-Arts state of mind which seeks to turn the architectural project into a work of individual creation. And from this point of view non-standard architecture is inscribed within a tradition of the unicum cutting across all sorts of output: artisanal, artistic, industrial or digital. The alternative viewpoint is the series: the object as a particular instance on a continuum. Yet even here things need to be clarified. Because today we know, through the magic of the workings of morphing, that anything can be transformed into something else. In seeking to avoid Charybdis and the unicum, we quickly fall into the Scylla of transformations lacking proper consistency that guarantee an artificial continuity between forms that are unrelated to each other.

[4] DAVID HILBERT: FONDEMENTS DE LA GÉOMÉTRIE (1899); SEE THE CHAPTER DEVOTED TO THE THEORY OF PROPORTIONS.

Morphè, indeed. What is a shape? What must two objects have in common for one to be able to say that they have the same shape? The answer lies in a basic concept of architectural theory, but also in the modern axiomatics of geometry as formulated by Hilbert in Grundlage der Geometrie.[4] Two objects have the same shape when, independently of their size, their elements form between them the same angles, and above all abide by the same proportions. The word is slipshod the preoccupation with shape is nourished by a theory of proportions that it is essential to understand if we want to avoid the dangers which have all too often beset the course of architectural thinking from neo-Pythagorean acoustics to the Modulor of Le Corbusier. In fact the philosophy that poses the problem most clearly, and this in relation to architecture, is Plato's The Sophist.

What's involved here? Plato is preoccupied with these people, the Sophists, who profess all things and their contrary, and who give lessons in overturning all arguments in order to defend theses that are totally opposed to them. In short, the Sophists are image-makers who practise morphing by means of rhetoric. As is his wont, Socrates dialogues and arrives at an examination of two major positions. On the one hand, it isn't difficult to reject the notion of Heraclitus, for whom everything is in movement. Because if everything was change, and change alone, how could we even give a name to the things we speak of? The possibility of the logos presupposes that the invariant exists. On the other hand, however, the position of Parmenides seems hardly more tenable, for he wants Being to be One and that only the One is. This second thesis is all the more difficult to sustain if we keep to Parmenides's famous dichotomy, according to which "one must be absolutely or not be at all." For, then, how do we address the Sophist's discourses, discourses that at once "are" and yet are "false"? In The Sophist Plato comes to recognize that we live in a world which is an intertwining of being and non-being. The Greek word is extremely precise: sumplokè means "intertwining" in contexts that extend from the intermingling of bodies in lovemaking or combat to the combinations of letters in the forming of words. A world of images and simulacra is involved. The visible world is a copy of Ideas, which are the only entities that escape immanence and corruption. But all these copies are worthless since they don't necessarily have the same relationship to their model. There again, Plato is very precise and refers to the visual arts and to architecture. On the one hand we have good copies that respect the proportions of the model, and on the other we have simulacra: shadows and reflections which do not do justice to proportion. In Latin proportion was called "ratio" and in Greek, "logos". We are at the very foundation of rationality and of discourse. For Plato every physical thing is manifestly corrupted by the becoming. So much so that no physical model can equal the Idea. The perfect relationship in Plato is the one which will convert identity into an ideal proportion: the isometric relationship of sameness, the ratio of 1:1.

There it is, we have everything necessary for constructing a philosophy of the image that was certainly not foreseeable in Plato's time, but which nevertheless creates the technical specifications of it. Ideas, those abstract events, are so many invariants that escape corruption. In the first rank we find identity, the relationship of sameness which enables the thing to be superposed upon the image, or rest upon movement. The same goes for those perfect forms : the circle or the sphere, which remain identical to themselves in the movement of rotation around their center. In rotating invariants the same measurements are preserved. And next we have those somewhat degraded copies that reproduce the model while altering its dimensions. These copies remain good, however, to the degree in which the painter, sculptor or architect has respected the correct proportions of the model. These artists will have produced a number of "similitudes" which preserve both angles and proportions. The ratio is invariant through homothety (similarity), this being the leitmotif of Greek philosophy after Thales. The shadow of the pyramid varies according to the hour, day and season, but the relationship of the pyramid to its shadow remains identical to the relationship between the gnomon planted in the ground and its own shadow these relationships are variable invariants, intertwinings of being and non-being. Plato also keeps back his criticisms for attacking those sculptors who alter the proportions of statues placed on temple acroteria in order to correct their optical deformations. And sure enough the apparent angle of the different superposed parts changes very quickly when statues are seen from below, in perspective. We enter, here, into the realm of optical corrections adopted by Vitruvius

[5] TO US IT SEEMS IMPORTANT TO NOTE THAT THE THEOREM OF THE MYSTICAL HEXAGON WAS INVENTED LONG BEFORE PASCAL WAS CONNECTED WITH PORT-ROYAL. THERE WOULD THUS HAVE BEEN A MYSTICAL PROCESS OF PASCAL'S OWN THAT HAD NOTHING TO DO WITH HIS RELATIONS WITH HIS SISTER AND HER ENTERING THE CONVENT. WAS GUARINI, WHO REJECTED THE SECULAR IMPLICATIONS OF ARGUESIAN GEOMETRY, AWARE OF THIS?

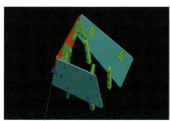 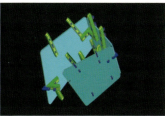

and repeatedly relayed since then by different writers of treatises on architecture. But let's be ultra careful here. Plato doesn't question the raison d'être of these deformations. In that respect he adopts an attitude very different to that of a Perrault, who as a good Cartesian will categorically reject the idea that our senses may be deceived. A circle will always be perceived as a circle, even though its apparent profile is an ellipse when seen sideways on. The devil take those people who, like Caramuel de Lobkowitz, intend to deform the real section of the columns on Saint Peter's Square so as to take account of their perspectival deformation. Cartesian rationalism remains wholly within this rejection of the hypothesis of the evil genius. Here, there is total incompatibility between Descartes and Desargues, both of who wrote their fundamental texts in 1638. And in point of fact we would have to take the time to look closely at whether there wasn't just as wide a gap between the two great projectivists, Desargues et Pascal, the latter totally commanding the thought of the former, but in a sense that leads to a mystique of the infinite[5], unlike a Desargues, who treats the vanishing point as an ordinary point. This "hic et nunc" of French rationalist philosophy between 1638 and 1640 is not dependent on any Zeitgeist: we are in the presence of highly divergent lines at the core of so-called "classical" thinking.

But let us return to Plato, who himself recognizes the validity of optical corrections. He doesn't deny artists their reasons for minimizing the importance of the model what he objects to is the result. A statue placed atop a column has to be distorted, yet this copy with altered proportions is the very prototype of the simulacra discredited by Plato. This is because, in comparison with the mathematics of his time, Plato lacks the means to cogitate Ideas that, due to projective deformation, remain invariants. In order to see something other than corruption in this, it would have been necessary for Plato to have projective invariants available to him, and in particular the relationship of relationships, that second-degree logos Spanish mathematicians rightly call razón doble, which expresses the number of that which is conserved in projective deformations. We observe, as well, how the discourse of science proceeds. The primitive invariant is the relationship of identity, an isometric relationship of sameness. Next we come to that second

[6] FÉLIX KLEIN WAS TO EXPOUND HIS GENERAL CONCEPTIONS OF GEOMETRY IN THE FOLLOWING TEXTS: UEBER DIE SO-GENANNT NICHT EUKLIDISCH GEOMETRIE (1871); AU SUJET DES GÉOMÉTRIES DITES NON-EUCLIDIENNES: PROGRAMME D'ERLANGEN (1872).

variable invariant which articulates Greek rationality and of which we do not take our leave until 1638, at least as far as its translation to geometrical space goes: the homothetic relationship. Desargues makes his entrance here, followed closely by Pascal, the two of them creating

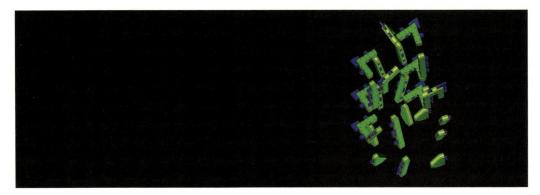

the first geometrical projective invariants, alignment and intersection, prior to the invention of the numerical bi-ratio. Following Desargues only a dozen years or so will be necessary before Euler produces, in 1736, the first topological invariants, which are preserved through surface deformations of any kind, insofar as their continuity is respected. Euler's famous formula, which established the invariability of the sum of the number of vertices and faces reduced by the number of edges for any polyhedron, constitutes the first topological invariant, based on which an area of investigation opened up which is far from being exhausted, since, for example, the theory of invariants characterizing knots remains a very active subject of research within contemporary mathematics. But it is in 1872 that it will be given to Félix Klein[6], better known for his bottle, to grasp this movement of geometric reason, which progresses by inventing increasingly sophisticated invariants enabling us to manipulate ever greater variations.

What relationship can this very brief historical survey of geometry have with the opportunities to be sure, right now, of creating a genuine non-standard architecture? What relationship can it have with both architecture and the non-standard? We will evoke an altogether classical definition of architecture: to order the diversity of space in such a way as to guarantee maximum freedom for the collectivity that frequents or colonizes it. Arranging means providing a diversity that is not naturally livable in with an invariant. Absolute space is an exterior that is scarcely more inhabitable than the hyper-grid of a totalitarian architecture. We are seeking devices that guarantee the invariants necessary to the supplest possible varieties. It is here that we are concerned by a non-standard architecture, to which we think that digital technologies might permit a threshold to be crossed, without the notion being completely new in itself. Because, in fact, if we set aside the extreme forms that architectures with isometric invariants (like Newton's cenotaph or the totalitarian spaces of a Hilberseimer) have constituted, architectural thinking has always turned, for preference, towards proportional invariants. To the point that a Le Corbusier still goes back to proportion when attempting to elaborate a universal system of industrial standardization. That he then invokes an harmonic, neo-Pythagorean conception invented all of a pice by 19th-century German ideologists[7], does not detract in the least from the pertinence of the concept of proportion in architecture; on the contrary, this modern error proves just how difficult it is to imagine architecture without proportion. Also, when the theorists of the Italian Renaissance attempt to interpret the perspective system invented by Brunelleschi in 1420, it is still to the system of proportions that they will repeatedly have recourse, striving in vain to reduce the projective coordinates by establishing simple ratios between the diminishing segments of a paved area seen in perspective, even though this is a canonic case of projective bi-relation.

The fact is that architecture was never to understand projective ratios except in a highly ambiguous way. Even though projective geometry was prepared and indeed invented by architects: a filiation that extends over two hundred years, from Brunelleschi to Desargues, and including Philibert De L'Orme, which is prolonged at least as far as Monge, and whose first area of application was the military fortifications at the École Mézières. Even though architects are the ones who worked

[8] PROBABLY BUILT BY HARDOUIN-MANSART AROUND 1640.
[9] GOTTFRIED SEMPER, DER STIL, 1861.
[10] ALOIS RIEGL, STILFRAGEN (1893); FRENCH TRANSLATION: QUESTIONS DE STYLE, HAZAN, 1992
[11] SEE THE RECONSTRUCTION DRAWING IN PHILIPPE POTIÉ, PHILIBERT DE L'ORME, FIGURES DU PROJET.
[12] CONCEPTION ET FABRICATION ASSISTÉE PAR ORDINATEUR (COMPUTER-ASSISTED CONCEPTION AND FABRICATION).
[13] AT THE LEVEL OF PROBLEMS, PLATONIST PHILOSOPHY SEEMS MUCH MORE OPEN THAN MOST OF THE INTERPRETATIONS GIVEN OF IT BY EPIGONES.

out the projective coordinates, the stereotomic works integrating this geometry in the production of architecture itself always remained secondary: at the very most the magnificent vaults in the Hôtel de Ville in Arles[8], but more often than not simple additions such as the pendentives of Philibert De L'Orme. And the place of topological invariants, strap-work and the like, is presented under a still more problematic light: the knot[9] or foliated scroll[10] performing the role of a basic ornamental motif, a register from which, prior to very contemporary designs, these topological forms hardly ever deviate, aside from a few specific applications such as the extraordinary staircase schemes Philibert De L'Orme created for the Château des Tuileries[11].

This formal analysis needs, of course, to be refined, but the more we consider the history of architecture from the CFAO angle[12], the more it seems to us that tradition has always incorporated, albeit in very different dosages, these four types of invariant: isometric, homothetic, projective and topological. What happens today is that we have the means at our disposal which allow the implicit system of hierarchy between these different registers to be repeatedly called into question, to the future profit of more sophisticated invariants, both projective and topological. Yet we don't believe in a merely topological architecture an aleatory, fluid, moving or virtual, not to mention non-Euclidian one, or whatever any more than we once did in an isometric architecture that was central, orthogonal and panoptic. We are on the lookout, much more, for a just and ordinary environment that incorporates the different registers of invariants, since in order to grant even more space to the grid/chaos alternation in the suburbs the media consensus is increasingly in favor of spatial ruptures in certain privileged locations. Generally speaking, and apart from a situation in which certain invariants are formulated by the actual context of the building, architecture will order the diversity of space that much better when it brings each of the four invariants into play by deterritorializing their traditional register of application: the isometry of central planes, the similitude of a proportional architectonics, the projectivity of complex solids, and the topology of intertwining ornaments. This reinterpretation of traditional registers takes in a rereading of historical urban typologies. An architecture based on variable invariants allows us to return, in effect, to

[14] SEE THE SERIES OF ILLUSTRATIONS IN WHICH A REGULAR HEXAGON, ARCHETYPE OF THE CENTRAL PLAN, IS VARIED SO AS TO PROGRESSIVELY TRANSFORM IT INTO A FIGURE CERTAIN CALIFORNIAN ARCHITECTS WOULD NOT DISOWN, WHILE PRESERVING THE PROJECTIVE INVARIANTS OF THE THEORIES OF BRIANCHON AND PASCAL: A CONVERGENCE OF DIAGONALS, AN ALIGNMENT OF THE INTERSECTIONS OF OPPOSITE SIDES.

[15] PAUL KRUGMANN, L'ÂGE DES RENDEMENTS DÉCROISSANTS, ECONOMICA, AND LA MONDIALISATION N'EST PAS COUPABLE; VERTUS ET LIMITES DU LIBRE ÉCHANGE, LA DÉCOUVERTE. MORECONJUNCTIONALLY, ONE MAY REFER TO THE ARTICLE BY PATRICK ARTUS, UNDER THE HEADING OF "ECONOMIQUES DES REBONDS" IN LIBÉRATION, 31 MARCH 2003, CALLED "DES FINANCES POUR LA CROISSANCE DE L'EUROPE".

[16] WE CAN ONLY RENDER HOMAGE HERE TO THE DEVELOPERS OF THE MISSLERCOMPANY, WHO GO ON DEVELOPING THETOPSOLID SOFTWARE PROGRAM ON WHICH THE OBJECTILE APPLICATION IS BASED. WE WISH TO THANK CHRISTIAN ARBER AND JEAN-LUC ROLLAND, ALONG WITH THEIR WHOLE TEAM OF COLLABORATORS, FOREMOST AMONG WHOM WE HAVE TO MENTION JEAN-LOUIS JAMMOT AND CHARLES CLAEYS.

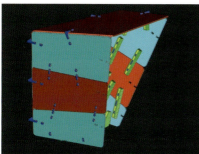

typology in a way other than the neo-Platonist[13] mode of the identically or proportionally reproducible model[14]. The city thus becomes a field for the varying of historical invariants.

In point of fact, relationships in the city being determined, at least in part, by the relations of production, what is to be done in order for a non-standard architecture to become a social fact different from the latest form of distinction of a clientele which has the means to augment standard budgets? How do we prevent the non-standard from collapsing into original formalism? How do we see to it that the object is genuinely conceived and produced as a single instance in a series? How do we integrate the architectural object in the urban fabric? To all these questions there is, in our opinion, one basic response: the productivity of agencies of various architectures, of conception keeping track of fabrication. From this point of view, the question of non-standard architecture is no different from the basic problem of postindustrial societies, namely the productivity of services in general[15]. The architect is a worker whose mode of production is conditioned by digital technologies, but the development of these has nothing natural about it. In that respect the writing of software programs is at once the major genre of contemporary culture[16] and at the same time the privileged terrain of a confrontation of the forces which organize production in our societies. In this field it is a strategic concept that will determine the form standard architecture will take in the years ahead: this is the concept of associativeness.

What are we to understand by associativeness? Associativeness is the software method of constituting the architectural project in a long sequence of relationships from the first conceptual hypotheses to the driving of the machines that prefabricate the components that will be assembled on site. Designing on an associative software program comes down to transforming the geometrical design in a programming language interface. Thus, to create a point at the intersection of two lines no longer consists of creating a graphic element, but in establishing a relationship of intersection on the basis of two relationships of alignment. Here, the reader will recall that this involves two basic projective invariants, as well as two primitive gestures in space: aiming and intercepting. The whole interest of associative CFAO software programs lies in translating this geometrical relationship into a program which will see to it that the point of intersection is recalculated as it should be when we displace the end points of the segments of the lines we intersect. Of course, only an elementary link is involved here and all this only has architectural interest provided we are able to set up long sequences of subordinates on the basis of a small number of primitive elements called, in technical jargon, "original parents". The first consequence of associativeness is the need to rationally formalize the architectural project, taking great pains to distinguish antecedents and dependents, at the risk, if not, of creating circular references or all kinds of other logical incongruities. Associativeness constitutes, then, a filter obliging us to rationally think through the architectural project and to explicate its hypotheses. Ultimately, this ought to encourage clear thinking in both the procedures and concepts of architecture. We might also be surprised that this concept has awakened so little interest among those who once flaunted themselves as the champions of rational architecture.

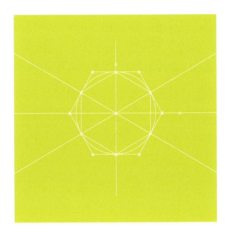

What we have just described concerns the activities of conceiving the project alone. Now, the whole difficulty of non-standard architecture lies in the sheer quantity of data that has to be generated and manipulated in order to industrially fabricate components that are totally different to each other at a price that is not necessarily higher than if they were standardized. In order to efficiently manage these data flows and to guarantee full and entire associativeness between conception and fabrication, it is essential above all else to work on the same nucleus, or control program, which will enable us, among other things, to ensure size control of the components following the conception stage, and this up to and including the generating of the programs (code ISO) that will drive the digital machines ensuring the production of the objects. On these grounds the technical specifications of a CFAO associative system includes at least four basic elements. The first has to do with the need to handle vast groups of complex elements, all of them different, elements that it is no longer possible to design one by one. This causes us to have recourse to a process known in technical terms as the "insertion of components". The designing of a project using an insertion of

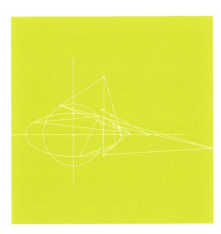

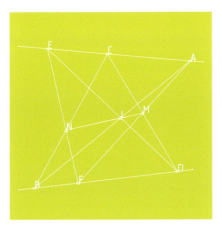

components obliges us to first think up a "model" of relation that can be applied in all the situations in which we will have to create a component of this type. The model is, as it were, an invariant that must cope with all the variations to which the terms we have established relations between will be submitted. That Platonism bears the seed of all the technological developments of our Western societies is an assertion that for us is no longer the object of theoretical speculation, but instead the result of empirical verification. And we have indeed experienced situations in which the implementation of this logic of components in a non-standard project has been able to generate gains in productivity of a factor of 100! Furthermore, it is only on the express understanding of gains in productivity of this order of grandeur that the term "non-standard architecture" has meaning.

Another aspect of the technical specifications is the need to work in distended flows and in a state of provisional information up until the very last moment, and this in a delocalized way. It was Moholy-Nagy who said in the 1920s that the criterion of modernity of a work was of its being able to be transmitted by telephone. This is even truer today. The multiplicity and dispersion of interlocutors, the volatility of decisions, oblige us to begin formalizing the project on the basis of uncertain information. Some values that are capable of being easily corrected must be able to be given by default, some points must be able to be defined in a geometric location without receiving a definitive positioning on this location, manufacturing programs must be able to be brought up to date the evening before their execution. Prior to taking shape as constructed buildings, non-standard architecture proceeds from an abstract architecture that orders the flow of data necessary for digital production, and this in a much more automated way since there is no longer an intermediary between conceiver and machine. The modification of one of the original parents of the project has to automatically set in motion the updating of the entire sequence of information because human intervention is always subject to error. As it is, a truly non-standard architecture will only emerge on condition that it reproduces in the realm of construction what has already occurred in the realm of edition. Just as it is possible today to write and lay out graphic documents that can be put on line on Internet by their conceiver and be printed on demand by a distant reader, so non-standard architecture presupposes that the conceiver of a building is capable of producing all the documents necessary for the distant production of architectural components without the a posteriori intervention of any office of control or office of business studies filtering out the errors from them. Lastly, in order for all this not to remain at the utopian stage, this automated sequence of data must include the documents that serve as backup to the economic transactions necessary to the production of the structure: specifications, estimate, production and delivery orders, assembly plans, etc.

To be sure, all these technical specifications turn associativeness into a mechanism that is at once very powerful and very complex. CFAO software programs are only beginning to implement computerized architecture in such spheres as mechanics. But there's nothing to suggest that this full and entire associativeness may never see the light of day, except in very compartmentalized and exceedingly limited industrial applications. Many factors of a social, legal and cultural kind are involved, which may be summed up in a single formula: in order for associativeness not to become mere technological prowess and for it to be inscribed within economic reality, it is necessary for conception and production to be strongly integrated. Indeed, what point is there in developing highly sophisticated software tools if we don't encounter users and architects, in particular who are ready to understand the functioning of these? The ability and rigor necessary to using such software programs means that they are by nature aimed at well-informed users endowed with a certain level of logical and geometrical reasoning. What use is it, too, to develop an associativeness between conception and fabrication if in practice order-placers and producers do not manage to establish relationships that enable them to make the most of the continuity of the flow of information? As long as each of the two parties doesn't encounter the arrangement that makes it advantageous to collaborate and not to artificially break this chain and blame the other party, associativeness will be a mere software producer's marketing ploy, or worse still, a strategic error of development. More than ever, architecture will benefit from the opportunities offered by the non-standard only on condition that it progressively and patiently constructs a genuine culture of digital production.

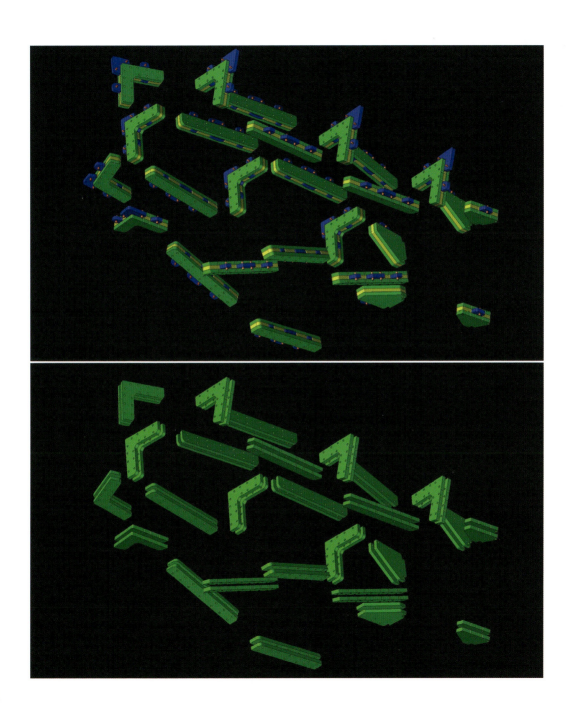

VERS UN MODE DE PRODUCTION NON-STANDARD

BERNARD CACHE PATRICK BEAUCÉ OBJECTILE 17 MARCH 2003

A quelles conditions une expression telle que « architecture non-standard » peut-elle avoir un sens ? Peut-être est-il plus facile de commencer à répondre sur le mode négatif. Si, en effet, une architecture non-standard consiste à générer des surfaces plus ou moins molles qu'on qualifiera ensuite de bâtiment en les transférant sur une batterie de logiciel de production, pour créer des espèces de sculptures à prix très élevé qui n'ont plus aucun rapport avec la sédimentation historique et sociale que constitue la cité, alors on ne fait que perpétuer le mythe romantique de l'architecte artiste.

Par delà toute intention polémique, cet exorde négatif doit nous servir à lister une série de critères auxquels nous souhaiterions tenter de répondre positivement pour ne pas laisser échapper ce qui est véritablement en jeu dans la possibilité d'une architecture non-standard au jour d'aujourd'hui. Il est question de forme, de cité et de productivité.

Commençons par la forme, car pourquoi le nier, il y a bien là « fascination ». Et en effet, un extraordinaire sentiment de puissance envahit tout architecte à qui les modeleurs de CAO[1] donnent le moyen de générer des surfaces qu'il ne saurait absolument pas dessiner à la règle et au compas. A cet égard, on peut considérer trois cas de figures. Le sentiment de toute puissance peut venir en premier lieu de modeleurs très ergonomiques, tels Rhino, qui donne le moyen de dessiner très facilement des surfaces suffisamment complexes pour qu'on ne soit même plus certain de leur cohérence spatiale. Le grand-public n'en a encore aucune idée, mais tirer les points de contrôle d'une surface Nurbs pour générer une surface fluide est désormais à la portée de n'importe quel utilisateur après une petite demie-heure d'apprentissage, et c'est très bien comme cela. Qu'en revanche il s'agisse ensuite de contrôler ces surfaces, de les modifier en agissant sur leurs cotes, de leur conférer une épaisseur et de les fabriquer, voilà une autre paire de manches et là commence le jeu du mistigri : c'est à dire transmettre les problèmes à quelqu'un d'autre tout en multipliant le budget. D'où l'adage, maintes fois répété par des architectes lucides comme Alejandro Zaera Polo : rien ne se construit qui ne soit transposable sur Autocad.

Deuxième cas de figure : l'utilisation de générateurs complexes, tels les simulateurs de mouvements de particules qu'on trouve sur les logiciels d'imagerie tels Maya, Softimage et autres. Logiciels qui ne sont nullement critiquables en soi, mais qui n'ont jamais été pensés pour fabriquer des objets concrets, et qui donc ne se soucient guère d'assurer, par exemple, que les quatre coins d'une planche soient coplanaires. Dans le premier cas, la fascination venait de la simplicité d'une interface très transparente, dans ce deuxième cas ce sentiment provient de ce qu'on dispose au contraire de moteurs tellement complexes qu'on ne contrôle plus le dispositif de génération et que le résultat nous arrive comme revêtu d'un manteau d'innocence : celui du hasard ou de l'accident. Dans les faits, ce chaos est entièrement déterministe, mais comme on n'en comprend pas les déterminants algorithmiques, les formes sont empreintes d'une sorte d'aura conférée par l'aléatoire prétendu.

Enfin, il est un troisième cas, finalement beaucoup plus honnête, qui consiste à se passer de la boite noire informatique, pour tout simplement tordre des feuilles de papier, comme une bonne vieille esquisse de sculpture, procédé qui a l'avantage de créer des surfaces développables, c'est à dire à courbure nulle, ce qui revient à dire que ces surfaces sont intrinsèquement euclidiennes[2]. On devra alors digitaliser la maquette en papier, pour la transférer sur un logiciel qui régularisera les surfaces, avant de fournir les fichiers à des entreprises virtuoses du prêt à porter architectural, telles Permasteelisa[3].

Dans ses trois démarches, le « non-standard » revient à dire « original » ou « complexe », mais, dans tous les cas, on ne sort pas d'un état d'esprit Beaux-Arts, qui veut faire du projet architectural une oeuvre de création individuelle. Et de ce point de vue, l'architecture non-standard s'inscrit dans une tradition de l'unicum, transversale à tous les modes de productions : artisanal, artistique, industriel ou digital. Le point de vue alternatif, c'est la série : l'objet comme instance sur un continuum. Mais là encore les choses demandent à être précisées. Car on sait bien qu'aujourd'hui, par la magie des fonctions de morphing, tout peut être transformé dans tout. A vouloir éviter le Charybde de l'unicum, on tombe très vite dans le Scylla de transformations sans consistance propre qui assurent une continuité artificielle entre des formes qui n'entretiennent aucun rapport entre-elles.

Morphè, précisément. Qu'est-ce qu'une forme ? Que doivent avoir en commun deux objets pour qu'on puisse dire qu'ils ont même forme ? La réponse tient dans un concept fondamental de la théorie architecturale, mais également de l'axiomatique moderne de la géométrie telle que formulée par Hilbert dans ses Grundlage der Geometrie[4]. Deux objets ont même forme lorsque, indépendamment de leurs dimensions, leurs éléments forment entre eux les mêmes angles, et surtout respectent les mêmes proportions. Le mot est lâché, le souci de la forme s'alimente à une théorie des proportions qu'il importe de bien comprendre si l'on veut éviter les écueils qui ont trop souvent balisé le cheminement de la pensée architecturale depuis l'acoustique néo-pythagoricienne jusqu'au Modulor de Le Corbusier. Or, le philosophe qui pose le plus clairement le problème, et ceci en relation à l'architecture, c'est bien Platon dans le Sophiste.

De quoi s'agit-il ? Platon est préoccupé de ces gens, les Sophistes, qui professent tout et son contraire, et qui enseignent à renverser tout argument pour défendre les thèses les plus opposées. Bref, les Sophistes sont des fabricants d'images qui font du morphing par le seul biais de la rhétorique. Comme à son habitude, Socrate dialogue et en vient à l'examen de deux grandes positions. D'un côté, il n'est pas difficile de rejeter la conception d'Héraclite pour qui tout se meut. Car, si tout n'était que changement, comment pourrait-on même nommer les choses dont nous parlons. La possibilité du logos suppose qu'il y ait de l'invariant. Mais d'autre part, la position de Parménide n'apparaît guère mieux tenable, qui veut que l'Etre soit Un et que seul l'Un soit. Cette seconde thèse est d'autant plus difficile à maintenir qu'on maintient la fameuse dichotomie de Parménide suivant laquelle « il faut être absolument ou ne pas être du tout ». Car, alors, comment traiter des discours du Sophiste qui à la fois « sont » et sont « faux ». Dans le Sophiste, Platon en vient à reconnaître que nous vivons dans un monde qui est un entrelacs d'être et de non-être. Le mot grec est très précis ; sumplokè veut dire « entrelacs » dans des contextes qui respectent les entrelacements des corps dans l'amour ou la lutte, à la combinaisons des lettres dans la formation des mots. C'est un monde d'images et de simulacres. Le monde visible est une copie des Idées, qui seules échappent au devenir et à la corruption. Mais toutes ces copies ne se valent pas car elles n'entretiennent pas forcément le même rapport à leur modèle. Là encore Platon est très précis et se réfère aux arts plastiques et à l'architecture. D'un côté, nous avons les bonnes copies qui respectent les proportions du modèle, de l'autre nous avons les simulacres : ombres et reflets qui portent atteintes au proportions. En latin, proportion se disait : « ratio », et en grec « logos ». Nous sommes bien au fondement même de la rationalité et du discours. C'est que, pour Platon, toute chose matérielle est évidemment corrompue par le devenir. Tant et si bien qu'aucun modèle matériel ne peut équivaloir à l'Idée. Le rapport parfait chez Platon, c'est ce qui va convertir l'identité en une proportion idéale : le rapport isométrique du même au même, le ratio 1/1.

Voilà, nous avons tout sous la main pour construire une philosophie de l'image qui n'était certainement pas envisageable du temps de Platon mais qui, pourtant, en réalise le cahier des charges. Les Idées, ces événements abstraits, ce sont des invariants qui échappent à la corruption. Au premier rang, nous trouvons l'identité, ce rapport du même au même qui permet de superposer la chose à l'image, ou le repos au mouvement. Ainsi en va-t-il de ces formes parfaites que sont le cercle ou la sphère, lesquelles restent identiques à elles-même dans le mouvement de rotation autour de leur centre. Invariantes par rotation, les mesures mêmes sont conservées. Et puis nous avons ces copies, quelque peu dégradées, qui reproduisent le modèle en altérant ses dimensions. Ces copies restent cependant bonnes dans la mesure où le peintre, le sculpteur ou l'architecte auront respecté les justes proportions du modèle. Ces artistes auront produit des « similitudes », lesquelles conservent les angles et les proportions. Le ratio est invariant par homothétie, c'est le leitmotiv de la philosophie grecque depuis Thalès. L'ombre de la pyramide varie aux fils des heures, des jours et des saisons, mais le rapport de la pyramide à son ombre reste identique au rapport entre le gnomon fiché en terre à sa propre ombre : ces rapports sont des invariants par variations, entrelacs d'être et de non-être. Aussi Platon réserve-t-il ses critiques, pour mieux attaquer ces sculpteurs qui altèrent les proportions des statues placées sur l'acrotère des temples, afin d'en corriger les déformations optiques. Et en effet, l'angle apparent des différentes parties superposées change très rapidement lorsque les statues sont vues d'en bas, en perspective. Nous entrons ici dans les domaines des corrections optiques, repris par Vitruve, et depuis, maintes fois relayés par les divers auteurs de traités d'architecture. Mais faisons bien attention. Platon ne remet pas en cause la raison d'être de ces déformations. En ce sens, il adopte une attitude très différente d'un Perrault qui écrivent tous deux textes fondamentaux en 1638. Et à vrai dire, il faudrait prendre le temps de bien regarder s'il n'y aurait pas un fossé aussi grand entre les deux grands projectivistes : Desargues et Pascal, ce dernier comprenant totalement la pensée du premier, mais dans un sens qui conduit à une mystique de l'infini[5] au contraire d'un Desargues qui traite du point de fuite comme d'un point ordinaire. Cet « hic et nunc » de la philosophie rationaliste française entre 1638 et 1640 ne relève d'aucun Zeitgeist : nous sommes face à des lignes très divergentes au sein de la pensée dite « classique ».

Mais revenons à Platon qui, lui, reconnaît le bien-fondé des corrections optiques. Il ne dénie pas aux artistes les raisons de porter atteinte au modèle, ce qu'il met en cause, c'est le résultat. Une statue placée en haut d'une colonne doit être déformée, mais cette copie aux proportions altérée est le prototype même des simulacres que disqualifie Platon. C'est que, au regard de la mathématique de son temps, Platon n'a pas les moyens de penser des Idées qui demeurent invariantes par déformation projective. Pour y voir autre chose que de la corruption, il aurait fallu que Platon ait à sa disposition les invariants projectifs, et en particulier : ce rapport de rapport, ce logos au deuxième degré, que les mathématiciens espagnols nomment très justement « razon doble », lequel exprime le nombre de ce qui se conserve dans les déformations projectives. Aussi bien voyons-nous comment procède le discours de la science. L'invariant primitif, c'est le rapport d'identité, rapport isométrique du même au même. Puis on en vient à ce deuxième invariant par variation qui articule la rationalité grecque et dont nous ne sortons pas jusqu'en 1638, du moins en ce qui concerne sa traduction dans l'espace géométrique : le rapport homothétique. Là intervient Desargues, suivi de près par Pascal, qui créent les premiers invariants projectifs géométriques : alignement et intersection, avant que ne soit inventé le bi-rapport numérique. Après Desargues, il n'aura fallu qu'une dizaine d'années avant qu'Euler ne produise, en 1736, les premiers invariants topologiques qui sont conservés au travers de toute déformation des surfaces, pour autant qu'on en

---
[1] CONCEPTION ASSISTÉE PAR ORDINATEUR
[2] SUR TOUTES SURFACES DÉVELOPPABLES SUR UN PLAN, LA SOMME DES ANGLES D'UN TRIANGLE RESTE CONSTANTE ET ÉGALE À 180°
[3] ENTREPRISE ITALIENNE, LEADER SUR LE MARCHÉ DES REVÊTEMENTS DE FAÇADE DE GRANDS IMMEUBLES AUX FORMES PARTICULIÈRES.
[4] DAVID HILBERT : FONDEMENTS DE LA GÉOMÉTRIE (1899) : VOIR LE CHAPITRE DÉDIÉ À LA THÉORIE DES PROPORTIONS.
[5] IL NOUS SEMBLE TRÈS IMPORTANT DE NOTER QUE LE THÉORÈME DE L'HEXAGONE MYSTIQUE FUT INVENTÉ BIEN AVANT QUE PASCAL NE SOIT LIÉ À PORT-ROYAL. IL Y AURAIT DONC UN CHEMINEMENT MYSTIQUE PROPRE À PASCAL QUI N'AURAIT RIEN À VOIR AVEC LES RELATIONS AVEC SA SŒUR, ET SON ENTRÉE AU COUVENT. GUARINI, QUI REJETA LES IMPLICATIONS LAÏQUES DE LA GÉOMÉTRIE ARGUÉSIENNE, EN ÉTAIT-IL CONSCIENT ?

respecte la continuité. La fameuse formule d'Euler qui établi la constance de la somme du nombre des sommets et des faces diminuée du nombre des arêtes pour un polyèdre quelconque, cette formule constitue le premier invariant topologique, à partir duquel s'est ouvert un champ d'investigation qui est loin d'être clos puisque, par exemple, la théorie des invariants caractérisant les nœuds demeure un sujet de recherche très actif au sein des mathématiques contemporaines. Mais c'est dès 1872, qu'il appartiendra à Félix Klein[6], plus connu pour sa bouteille, de saisir ce mouvement de la raison géométrique qui progresse en inventant des invariants toujours plus sophistiqués pour nous permettre de manipuler des variations toujours plus larges.

Quel rapport peut donc entretenir ce très bref aperçu historique de la géométrie avec les occasions à ne pas manquer aujourd'hui de créer une véritable architecture non-standard ? Quel rapport donc avec aussi bien avec l'architecture qu'avec le non-standard ? Nous retiendrons de l'architecture une définition somme toute extrêmement classique : ordonner le divers de l'espace de façon à assurer le maximum de liberté à la collectivité qui le hante ou le colonise. Ordonner signifiera qu'il s'agit de munir d'invariant un divers qui n'est pas naturellement vivable. L'espace absolu est un dehors qui n'est guère plus habitable que l'hyper-grille d'une architecture totalitaire. Nous cherchons des dispositifs qui assurent les invariants nécessaires aux variétés les plus souples possibles. C'est en cela que nous sommes concernés par une architecture non-standard à laquelle nous pensons que les technologies numériques pourraient permettre de franchir un seuil, sans que la notion soit en soi véritablement nouvelle. Car, en effet, si on laisse de côté ces formes extrémales qu'on pu constituer des architectures aux invariants isométriques telles le cénotaphe de Newton ou les espaces concentrationnaires d'un Hilberseimer, la pensée architectonique s'est toujours tournée en priorité vers les invariants proportionnels. Au point qu'un Le Corbusier s'en remet encore aux proportions lorsqu'il tente d'élaborer un système universel de standardisation industrielle. Qu'il invoque alors une conception harmonique et néo-pythagoricienne inventée de toute pièce par des idéologues allemands du XIXème siècle[7], ne retire rien à la pertinence du concept de proportion en architecture ; bien au contraire, ce fourvoiement moderne prouve à quel il est difficile de penser l'architecture sans la proportion. Aussi, lorsque les théoriciens de la Renaissance italienne s'efforceront d'interpréter le dispositif perspectif inventé par Brunelleschi en 1420, c'est encore et toujours au système des proportions qu'ils auront recours, s'efforçant, en vain, de rabattre le projectif sur la similitude en établissant des ratios simples entre les segments en diminution d'un pavage vu en perspectives, alors qu'il s'agit là d'un cas canonique de bi-rapport projectif.

C'est que l'architecture n'entretiendra jamais de rapport au projectif que sous un mode extrêmement ambigu. Quand bien même la géométrie projective fut-elle préparée et finalement inventée par des architectes : une filiation qui s'étend sur deux cents ans, de Brunelleschi à Desargues en passant par Philibert De L'Orme, laquelle se prolonge au moins jusqu'à Monge dont le premier domaine d'application fut les fortifications militaires à l'Ecole Mézières, quand bien même ce sont donc des architectes qui conçurent le projectif, les ouvrages stéréotomique intégrant cette géométrie dans la production même de l'architecture sont toujours restés secondaires : tout au plus de magnifiques voûtes comme à l'Hôtel de Ville d'Arles[8], mais le plus souvent de simples adjonctions, comme les trompes de Philibert De L'Orme. Et la place des invariants topologiques, tels les entrelacs, se présente sous un jour encore plus problématique : le nœud[9] ou le rinceau végétal[10] jouant le rôle de motif fondamental de l'ornementation, registre dont, avant les projets très contemporains, ces formes topologiques ne sont quasiment jamais sorti, en dehors de quelques applications particulières telles les extraordinaires dispositifs d'escaliers à l'image celui que réalisa Philibert De L'Orme pour le Château des Tuileries[11].

Cette analyse formelle demande bien sur à être précisée, mais plus nous considérons l'histoire de l'architecture sous l'angle de la CFAO[12], plus il nous apparaît que la tradition a toujours intégré, mais suivant des dosages très divers, ces quatre types d'invariants : isométriques, homothétiques, projectifs et topologiques. Ce qui se passe aujourd'hui, c'est que nous disposons des moyens qui permettraient de remettre en cause le système de hiérarchie implicite entre les différents registres en faveur désormais des invariants les plus sophistiqués : projectifs et topologiques. Mais, nous ne croyons pas plus à une architecture seulement topologique : aléatoire, fluide, mouvante ou virtuelle, pour ne pas dire non-euclidienne, et que sais-je encore, que nous ne nous défions d'une architecture isométrique : centrale, orthogonale et panoptique. Nous sommes d'autant plus en recherche d'un juste et ordinaire milieu qui intègre les différents registres d'invariants que le consensus médiatique se porte de nos jours toujours plus en faveur des hernies spatiales en quelques lieux privilégiés pour ne laisser que plus d'extension à l'alternance grille/chaos dans les banlieues. D'une manière générale, et en dehors de situation où certains invariants sont fournis par le contexte même de l'édifice, l'architecture ordonnera d'autant mieux le divers de l'espace qu'elle jouera de chacun des quatre invariants en déterritorialisant leur registre d'application traditionnel : isométrie des plans centraux, homothétie d'une architectonique proportionnelle, projectivité des solides complexes et topologie des ornements entrelacés. Cette réinterprétation des registres traditionnels passe par une relecture des typologies urbaines historiques. Une architecture fondée sur des invariants par variation permet en effet de revenir à la typologie autrement que sous le mode néo-platonicien[13] du modèle à reproduire, à l'identique ou dans ses proportions[14]. La ville devient alors le champ de mise en variation des invariants historiques.

Précisément, les relations dans la cité étant au moins en partie déterminées par les rapports de production, comment faire pour qu'une architecture non-standard deviennent ur fait social autre que la dernière forme de distinction d'une clientèle qui a les moyens de multiplier les budgets standards ? Comment éviter que le non-standard ne sombre dans le formalisme original ? Comment faire en sorte que l'objet soit véritablement conçu et produit comme une instance dans une série ? Comment intégrer l'objet architectural dans le tissu urbain ? A toutes ces questions, il est, à notre avis, une réponse fondamentale : la productivité des agences d'architectures, de la conception au suivi de la fabrication. De ce point de vue, la question de l'architecture non-standard n'est pas différente de ce problème fondamental des sociétés post-industrielles, à savoir la productivité des services en général[15]. L'architecte est un travailleur intellectuel dont le mode de production est conditionné par les technologies numériques, mais le développement de celles-ci n'a rien de naturel. A cet égard, l'écriture de logiciel est à la fois le genre majeur de la culture contemporaine[16] et en même temps le terrain privilégié d'affrontement des forces qui organisent la production dans nos sociétés. Dans ce champ, il est un concept stratégique qui déterminera la forme que prendra l'architecture standard dans les années à venir : c'est le concept d'associativité.

Qu'entend-on par associativité ? L'associativité est le moyen logiciel de constituer le projet architectural en une longue chaîne de relations depuis les premières hypothèses de conception jusqu'au pilotage des machines qui pré-fabriquent les composants qui viendront s'assembler sur le chantier. Dessiner sur un logiciel associatif revient à transformer le dessin géométrique en une interface de langage de programmation. Ainsi, créer un point au croisement de deux lignes ne consiste plus à créer un élément graphique, mais à établir une relation d'intersection sur la base de deux relations d'alignement. Ici, le lecteur se souviendra de ce qu'il s'agit là des deux invariants projectifs fondamentaux, en même temps que de deux gestes primitifs dans l'espace : viser et intercepter. C'est tout l'intérêt des logiciels de CFAO associative que de traduire cette relation géométrique en un programme qui fera en sorte que le point d'intersection se recalculera comme il faut lorsqu'on déplacera les points extrémités des segments de droites qu'on intersecte. Bien entendu, il ne s'agit là que d'un maillon élémentaire et tout cela n'a d'intérêt architectural qu'à condition de pouvoir constituer de longues chaînes de dépendances sur la base d'un petit nombre d'éléments primitifs qu'on dénomme-a, en jargon technique, des « parents originaires ». Première conséquence donc de l'associativité : l'obligation de formaliser rationnellement le projet architectural, en prenant bien soin de distinguer antécédents et dépendants au risque, sinon, de créer des références circulaires ou toutes autres sortes d'incongruités logiques. L'associativité constitue donc un filtre qui oblige à penser rationnellement le projet d'architecture et à en expliciter les hypothèses. A terme ceci devrait favoriser la clarté des procédures et des concepts architecturaux. Aussi peut-on s'étonner de ce que ce concept ait éveillé aussi peu d'intérêt auprès de ceux qui s'affichaient autrefois comme les tenants d'une architecture rationnelle.

Ce que nous venons de décrire ne concerne que les activités de conception du projet. Or toute la difficulté de l'architecture non-standard tient dans l'ampleur de la somme d'informations qu'il importe de générer et manipuler pour fabriquer industriellement des composants tous différents les uns des autres à un prix qui ne soient pas forcément plus élevé que s'ils étaient standardisés. Pour gérer efficacement ces flux d'informations et assurer une associativité pleine et entière entre conception et fabrication, il importe avant toute chose de travailler sur le même noyau, lequel permettra, entre autres, d'assurer le contrôle dimensionnel des composants dès la conception et ceci jusqu'à la génération des programmes (code ISO) qui piloteront les machines numériques assurant la production des objets. A ce titre, le cahier des charges d'un système de CFAO associative comprend au moins quatre éléments fondamentaux. Le premier tient à la nécessité de gérer de très grands ensembles d'éléments complexes et tous différents, éléments qu'il n'est plus possible de dessiner un par un. Ceci oblige à recourir à un processus qu'on appelle techniquement l'insertion de composants. Le dessin d'un projet par insertion de composants oblige à concevoir d'abord un « modèle » de relations qui va pouvoir s'appliquer dans tous les situations où l'on va devoir créer un composant de ce type. Le modèle est en quelque sorte un invariant qui doit supporter toutes les variations auxquelles seront soumis les termes entre lesquels on aura établi des relations. Que le platonisme porte en germe tous les développements technologiques de nos sociétés occidentales, voilà une assertion qui n'est plus pour nous l'objet de spéculations théoriques, mais bien le résultat de vérifications empiriques. Et nous avons pu en effet expérimenter des situations où l'implémentation de cette logique de composants dans un projet non-standard a pu générer des gains de productivité d'un facteur 100 !!. C'est d'ailleurs qu'à la condition expresse de gains de productivité de cet ordre de grandeur que l'expression « architecture non-standard » prend un sens.

Autre aspect du cahier des charges : la nécessité de travailler en flux tendus et en état d'information provisoire jusqu'au dernier moment et ceci de manière délocalisée. C'est Moholy Nagy qui disait déjà dans les années 1920 que le critère de modernité d'un travail était de pouvoir être transmissible par téléphone. Ce n'en est que plus vrai aujourd'hui. La multiplicité et la dispersion des interlocuteurs, la volatilité des décisions, obligent à commencer de formaliser le projet sur la base d'une information incertaine. Des valeurs doivent pouvoir être données par défaut qui pourront facilement être corrigées, des points doivent pouvoir être définis en un lieu géométrique sans recevoir de localisation définitive sur ce lieu, les programmes d'usinages doivent pouvoir être mis à jour la veille de leur exécution. Avant que de prendre la forme d'édifice construits, l'architecture non-standard procède d'une architecture abstraite qui ordonne les flux d'informations nécessaires à la production numérique et ceci de manière d'autant plus automatisée qu'il n'y a plus d'intermédiaire entre le concepteur et la machine. La modification d'un des parents originaires du projet doit déclencher la mise à jour de

[6] FÉLIX KLEIN EXPOSE RACES CONCEPTIONS GÉNÉRALES DE LA GÉOMÉTRIE DANS LES DEUX TEXTES SUIVANTS : UEBER DIE SO-GENANNT NICHT EUKLIDISCH GEOMETRIE (1871) AU SUJET DES GÉOMÉTRIES DITES NON-EUCLIDIENNES. ERLANGEN'S PROGRAMM (1872) : PROGRAMME D'ERLANGEN
[7] LE NOMBRE D'OR, ANATOMIE D'UN MYTHE,
[8] CONSTRUITE PROBABLEMENT PAR HARDOUIN-MANSART AUX ENVIRONS DE 1640
[9] GOTTFRIED SEMPER, DER STIL, 1861
[10] ALOIS RIEGL, STILFRAGEN, (1893) ; TRAD. FRANÇAISE : QUSTIONS DE STYLE, 1992, HAZAN
[11] VOIR DESSIN DE RECONSTITUTION DANS PHILIPPE POTIÉ : PHILIBERT DE L'ORME, FIGURES DU PROJET.
[12] CONCEPTION ET FABRICATION ASSISTÉE PAR ORDINATEUR
[13] AU NIVEAU DES PROBLÈMES, LA PHILOSOPHIE PLATONICIENNE NOUS SEMBLE BIEN PLUS OUVERTE QUE LA PLUPART DES INTERPRÉTATIONS QUI EN ONT ÉTÉ DONNÉES PAR ÉPIGONES
[14] VOIR LA SÉRIE D'ILLUSTRATION OÙ L'ON MET EN VARIATION UN HEXAGONE RÉGULIER, ARCHÉTYPE DE PLAN CENTRAL, POUR LE TRANSFORMER PROGRESSIVEMENT EN UNE FIGURE QUE NE RENIERAIT PAS CERTAINS ARCHITECTES CALIFORNIENS, TOUT EN CONSERVANT LES INVARIANTS PROJECTIFS DES THÉORÈMES DE BRIANCHON ET PASCAL : CONVERGENCE DES DIAGONALES, ALIGNEMENT DES INTERSECTIONS DES CÔTÉS OPPOSÉS.
[15] PAUL KRUGMANN : L'ÂGE DES RENDEMENTS DÉCROISSANTS, ECONOMICA, ET LA MONDIALISATION N'EST PAS COUPABLE ; VERTUS ET LIMITES DU LIBRE ÉCHANGE, LA DÉCOUVERTE. PLUS CONJONCTURELLEMENT, ON PEUT SE REPORTER À L'ARTICLE DE PATRICK ARTUS DANS LA RUBRIQUE « ÉCONOMIQUES » DES REBONDS DU JOURNAL LIBÉRATION DU 31 MARS 2003, LEQUEL S'INTITULE : « DES FINANCES POUR LA CROISSANCE DE L'EUROPE ».
[16] NOUS NE POUVONS, ICI, QUE RENDRE HOMMAGE AUX DÉVELOPPEURS DE LA SOCIÉTÉ MISSLER QUI, JOUR APRÈS JOUR, DÉVELOPPENT LE LOGICIEL TOPSOLID SUR LA BASE DUQUEL EST PORTÉE L'APPLICATION OBJECTILE. QUE CHRISTIAN ARBER, ET JEAN-LUC ROLLAND SOIENT ICI REMERCIÉS, ET AVEC EUX, L'ENSEMBLE DE LEURS COLLABORATEURS, AU PREMIER RANG DESQUELS NOUS NE MANQUERONS PAS DE CITER : JEAN-LOUIS JAMMOT ET CHARLES CLAEYS.

l'intégralité de la chaîne d'information automatiquement parce que l'intervention humaine est toujours sujette à erreur. Or une architecture réellement non standard ne verra le jour qu'à condition de reproduire dans le domaine de la construction ce qui s'est déjà passé dans le domaine de l'édition. De même qu'il est aujourd'hui possible d'écrire et de mettre en page des documents graphiques qui peuvent être mis en ligne sur la toile par leur concepteur pour être imprimés à la demande par un lecteur distant, l'architecture non-standard suppose que le concepteur d'un édifice soit capable de produire l'intégralité des documents nécessaires à la production distante des composants architecturaux sans intervention a posteriori d'aucun bureau de contrôle ou bureau d'études d'entreprises qui en filtre les erreurs. Enfin, pour que tout ceci n'en reste pas au stade de l'utopie, cette chaîne d'information automatisée doit comprendre les documents qui servent de support aux transactions économiques nécessaires à la production du bâti : descriptif, devis, ordres de production et de livraison, plans de montage, etc.

Evidemment tous ces éléments du cahier des charges font de l'associativité un dispositif à la fois très puissant mais également très complexe. Les logiciels de CFAO commencent seulement de mettre en œuvre une telle architecture informationnelle dans des domaines tels que la mécanique. Mais rien ne dit que cette associativité pleine et entière ne voie jamais le jour en dehors d'applications industrielles très parcellaires et bien délimitées. A cela plusieurs raisons d'ordre social, juridique et culturel, qu'on peut résumer dans une seule formule : pour que l'associativité ne soit pas seulement une prouesse technologique et qu'elle s'inscrive dans la réalité économique, il faut assurer une très forte intégration entre conception et production. A quoi sert en effet de développer des outils logiciels très sophistiqués si l'on ne trouve pas d'utilisateurs – et en particulier d'architectes - disposés à en comprendre le fonctionnement ? La compétence et la rigueur nécessaire à l'usage de tels logiciels fait qu'ils sont par nature destinés à des utilisateurs bien formés et doués d'un bon raisonnement logique et géométrique. A quoi sert également de développer une associativité entre conception et fabrication si, dans la pratique, donneurs d'ordre et producteurs ne parviennent pas à établir des relations qui permettent d'exploiter positivement la continuité du flux d'information ? Aussi longtemps que chacune des deux parties ne trouve pas l'agencement qui donne avantage à collaborer et à ne pas casser artificiellement cette chaîne pour rejeter la responsabilité sur l'autre partie, l'associativité ne sera qu'un argument marketing des éditeurs de logiciel ou pire encore, une erreur stratégique de développement. Plus que jamais, l'architecture ne profitera des opportunités offertes par le non-standard, qu'à condition de construire, progressivement et patiemment, une véritable culture de la production numérique.

Commentaire des illustrations:

En 1810 le mathématicien Brianchon invente un théorème qui se déduit du théorème que Pascal par une simple permutation des termes de son énoncé (par exemple, en remplaçant le mot „point" par le mot „droite" et réciproquement). Dans le cas classique, le théorème de Brianchon apparait presque comme une banalité puisqu'il énonce que les diagonales d'un polygones régulier se croisent au centre du cercle inscrit; cas typique d'un plan central de la Renaissance. Le fait intéressant est que cette propriété se conserve quelque soit le polygone inscrit dans quelque conique que ce soit, qu'il s'agisse d'un polygone convexe inscrit dans une ellipse (image 2), ou d'un polygone croisé toujours dans une ellipse (image 3). Cette propriété ouvre donc sur une variété beaucoup plus large que l'architecture classique. En revanche, cette propriété n'est pas transposable comme telle, lorsque la conique inscrite dégénère en une paire de droite.

Le théorème de Pascal, dual du théorème de Brianchon, se trouve dans une situation inverse quand à sa représentabilité dans les cas extrêmes: classique et dégénéré. Pascal énonçait que les paires de côtés opposés de tous polygones inscrit dans toute conique se croisent en trois points alignés; propriété duale qui apparait clairement sur l'image 2 et qui se conserve dans le cas d'un polygone croisé tel que celui de l'image 3. Chez Pascal, la conique peut même dégénérer en une paire de droites et l'on obtient alors le bon vieux théorème de Pappus (image 4). En revanche, le théorème de Pascal n'est plus représentable dans le cas où la conique se transforme en un simple cercle (image 1): la droite passe alors à l'infini. Précisons que ce théorème fut énoncé en 1639, bien avant que Pascal n'entre en rapport avec Port Royal.

1-Le théorème de Brianchon dans une présentation classique (Pascal est alors non-représentable)

2-Une légère déformation qui permet de soumettre les deux théorèmes à représentation

3-Une forte déformation qui rend les deux théorèmes méconnaissables,

4-Une dégénérescence que supporte seul le théorème de Pascal: on obtient alors le théorème de Pappus.

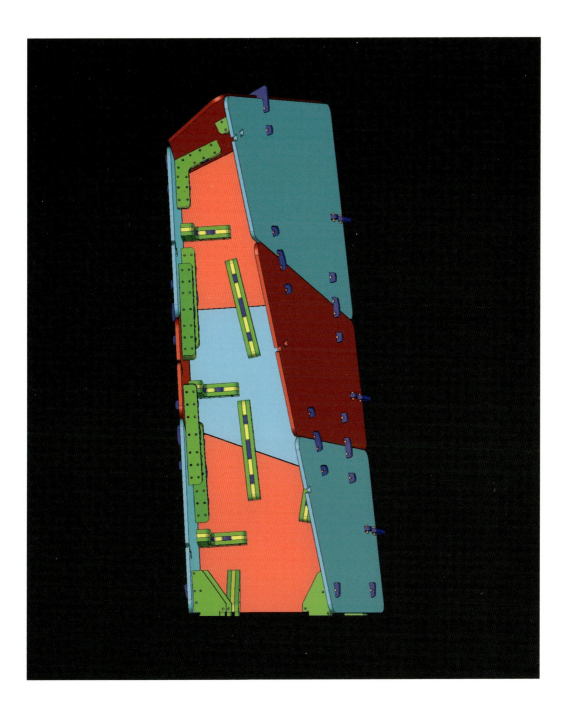

[1] DETAILED, CONSTRUCTIVE COMMENTS BY PIERRE GROS HAVE CONVINCED ME TO RETAIN THE ORIGINAL GREEK TERM IN THE TITLE, RATHER THAN EMPLOYING A FRENCH TRANSLATION SUCH AS ILLUSION (USED BY NESTOR LUIS CORDERO) OR SIMULACRE (USED BY GILLES DELEUZE AND JACQUES DERRIDA).

GEOMETRIES OF PHANTASMA[1]

BERNARD CACHE OBJECTILE JULY 14 2003

"The main task of a translator of the SOPHIST is the following: to convince the reader that any clear, absolutely comprehensible and, indeed, elegant translation of this dialogue is necessarily unfaithful to the the original. For, ever since antiquity, the SOPHIST has been considered one of Plato's most obscure texts." These are the terms in which Nestor Luis Cordero warned readers at the outset of a dialogue that he also described as a "posterior course," that is to say a thorough revamping of the system that had previously been elaborated in Plato's key work, the REPUBLIC.

It is therefore well aware of the risks involved that I will attempt another translation of the SOPHIST, one employing another kind of language, namely geometry—or, more exactly, geometry in its reciprocal relationship to architecture.

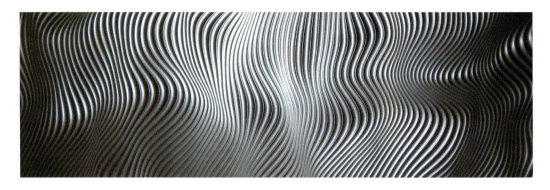

"Let no one ignorant of geometry enter here." Geometry occupied a very special place in Plato's world: it was the pivot between the visible and the invisible, between the sensible and the intelligible. On one hand, geometry played a propaedeutic role by showing how we must detach ourselves from the sensorial and specific in order to focus on the intellectual; geometers gaze upon the figures before their eyes only in order to contemplate the intelligible Forms that are the real object of knowledge of true Being. Yet on the other hand, in the basic scheme of the Republic geometry constitutes only the lower level of

[2] THE BASIC SCHEME OF THE REPUBLIC IS PRESENTED BELOW IN DIAGRAM FORM, PAGE XXX. [TRANSLATOR'S NOTE: GIVEN THE FACT THAT NONE OF THE ENGLISH TRANSLATIONS OF THE SOPHIST CORRESPOND NEATLY TO CORDERO'S FRENCH VERSION, THE PRIMARY TRANSLATION EMPLOYED HERE IS BENJAMIN JOWETT'S 1871 TEXT, SOMETIMES ADAPTED IN THE LIGHT OF VERSIONS BY HAROLD N. FOWLER AND LESLIE B. VAUGHN. JOWETT'S TRANSLATIONS OF THE REPUBLIC AND PARMENIDES WERE ALSO CONSULTED; THEY ARE AVAILABLE ONLINE (MARCH 2005) AT THE INTERNET CLASSICS ARCHIVE (HTTP://CLASSICS.MIT.EDU/INDEX.HTML).
[3] SEE MONIQUE CANTO-SPERBER'S FRENCH TRANSLATION: MENON (PARIS: GARNIER/FLAMMARION, 1991).

the intelligible world. More precisely, geometry and the other sciences are called "hypothetical," and for that reason they cannot lead us to knowledge of essential things. "There are two subdivisions [of the intelligible sphere], in the lower of which the soul uses the figures given by the former division as images; the enquiry can only be hypothetical, and instead of going upwards to a principle descends [downward to a conclusion]" (Republic VI: 510b)[2].

Plato was very clearly aware—as were, in a more general way, Aristotle and other Greek thinkers who strove to define the status of logical system such as geometry—of the impossibility of relying on exclusively rational foundations, and therefore of the need to resort to postulates. Whether the term "hypothesis" be taken in the sense of an axiom or in the sense of a simple working premise, or whether we shift back and forth between these meanings to create a kind of axiomatico-dialectic synthesis, as Socrates did in Meno[3]—virtue sometimes being goodness (a postulate accepted by all, yet undemonstrable) and sometimes being knowledge that can be taught (an arbitrary hypothesis subject to debate)—the realm of hypothesis bears the mark of everything that cannot be grounded in logos alone, which explains Plato's need to call on a second level of the intelligible, said to be above hypothesis, or "nonhypothetical." Thus in the second part of Parmenides, when Zeno joins Socrates to ask Parmenides to demonstrate the method he advocates, the philosopher from Elea does so by admitting that he must begin by formulating a hypothesis, "if one exists," but that it would also be appropriate to examine the inverse consequences "if one does not exist" [Parmenides 137b]. Hypothesis is therefore subject to denial. Later, in the Posterior Analytics, Aristotle would constantly assert that principles cannot be demonstrated. Employing demonstrative reasoning alone, a proposition such as "the sum of the angles of a triangle equals 180°" remains one hypothesis among others and can only be salvaged, at the very end of the Analytics (II: 19) by recourse to intuition. Taking this sum as an object of logos alone means that everything and its opposite can be asserted, which is precisely typical of the mode of argument adopted by the sophists. Hence the discourse that, once systematized by Euclid, would embody the very model of rationality for the subsequent twenty-one centuries, opened the door to sophistry.

Which required Plato to react at the level of first principles.
How, indeed, could a sophist be defined? Plato did so progressively, adopting no fewer than six definitions before reaching the heart of the problem.

He successively defines a sophist as:
— a hunter of rich youths for their wealth
— a trader in learned things ("goods of the soul")
— a retailer of learned things
— a manufacturer of learned things
— a professional disputer
— a purger of souls

At this point, the "Stranger" who is orchestrating the dialogue pauses before introducing a shift in the debate. "I should imagine," he says, that sophists "are supposed to have knowledge of those things about which they dispute.... And therefore, to their disciples, they appear to be all-wise?" Yet someone who claims to know all and teach all must also be an entertainer, and the most technical and most pleasant form of entertainment is imitation. A sophist thereby becomes a maker of spoken images—an imitator.

Now what, exactly, is an image? There are several kinds. Natural images are reflections seen in the water, or shadows cast by the sun. Artificial images are the paintings and statues seen at the tops of temples. In all cases, an image is the duplicate of a model, but this duplication can be duplicated in two ways depending on its relationship to the original. On the one hand there are copies that respect the original proportions of the model in terms of length, width, and depth. And then there are monumental works where the proportions of the original model are altered, because otherwise "the upper part, which is farther off, would appear to be out of proportion in comparison with the lower, which is nearer" [Sophist 236a]. Whereas the first type of image merits the name of copy, the other type is described as phàntasma, which Nestor Luis Cordero translates as illusion. The main thing to grasp is that while a good copy requires respect for proportions, illusions are not necessarily invalid. They are clearly the product of alterations,

but such optical correction is required to save appearances, given the growing decrease in apparent angle as the monumental statues rise higher and higher.

It is on the basis of the validity of illusion that the Stranger poses the question that will then become central: "We are engaged in a very difficult speculation—there can be no doubt of that; for how a thing can appear and seem, and not be, or how a man can say a thing which is not true? This has always been and still remains a very perplexing question. Can any one say or think that falsehood really exists, and avoid being caught in a contradiction?" [Sophist 336e]. The problem of sophistry thus comes to hinge on the "Being" or "non-Being" of images. If an image is only an illusion, pure not-Being, how can sophists be accused of falsehoods, since falsehoods do not really exist? An image must claim a minimum of Being if the charges against the sophists are to have any substance. But if an image is something, then aren't sophists expressing something that has Being and is therefore true?

This brings us to the relationship between Being and not-Being. On one side there were the "friends of form"—the disciples of Parmenides, as Plato himself long remained. For them, Being is univocal: Being is, and Being is one. Non-Being is not. Images, bodies, tangible things, movement: all of them are mere appearance. The only truth is the stable, invariant Being that is the very foundation of all organized discourse, because how could we say anything about something that is constantly shifting? The same applies to the very possibility of naming things. On the other side there were the "friends of matter." They recognized only material, physical, sensory, and changing reality. Homer himself asserted that the soul, that is to say the seat of intellect, was the power that set the body in motion.

The Stranger in the Sophist criticizes both sides equally. Against the friends of matter he maintains what Plato always argued, namely the need to seek invariant Forms among the shifting apparences of phenomena. Against the friends of form, meanwhile, he objects that there is no knowledge without a subject who knows, and who is therefore affected or moved. And being moved inevitably implies change.

As so well summed up by Cordero, in the realm of knowledge an object presupposes rest whereas a subject—which is intellect, and therefore soul, and therefore life—introduces motion. We thus need to establish a link between rest and movement and to conceive a total Being that englobes these different realities. This total Being, which will jointly host error and illusion as well as the most stable of Forms, is a mininum Being, a power to act and to be affected, however minimally. "My notion would be, that anything which possesses any sort of power [dunamis] to affect another, or to be affected by another, if only for a single moment, however trifling the cause and however slight the effect, has real existence; and I hold that the definition of Being is simply power [dunamis]" [Sophist 247e].

[4] KLEIN DESCRIBED THEM AS "SO GENANT NICHT EUCLIDISH" GEOMETRIES.

This extraordinary definition of Being as a minimal power to act or be affected has certain Spinozist or Nietszchean overtones. Plato/the Stranger goes on to say that this power links motion to rest, not in an indiscriminate fashion— because movement would then totally stop and rest would, in turn, be in motion—but rather via a classification of Forms that weaves one into the other.

Classifying rest and motion, invariance and variation, is precisely what a young, twenty-four year-old mathematician suggested twenty-one centuries later when attempting to reorganize the edifice of geometry. That edifice was then cracking under a double strain:
— on the one hand there were geometries that assigned values other than 180° to the sum of the angles of a triangle[4];
— on the other hand there were geometries—led by projective geometry, later relayed by topology—that sought to describe space without taking into account measurements.
That mathematician was Felix Klein, best known to the general public for his strange bottle with no distinct inside or outside. On appointment to a teaching post in 1872, Klein gave an inaugural address now famously known as the Erlangen Program. His idea was to reconceive the architecture of geometry by distinguishing several levels, each structured by

The architecture of geometry according to the Erlangen Program (1872)			
Geometry	Characteristic transformation	Geometric invariant	Numerical invariant
Isometry	Rotation	Distances (identity)	Number $a_1 = a_2$
Similarity	Homothetic	Angles (form)	Ratio $(a_1/b_1) = (a_2/b_2)$
Projective	Projection	Intersection	Cross-ratio and alignment $[(a_1/b_1)/(c_1/d_1)] = [(a_2/b_2)/(c_2/d_2)]$
Topology	Deformation (various)	Continuity	More complex relationships, e.g., the Euler number: $V+F-E$

[1] DETAILED, CONSTRUCTIVE COMMENTS BY PIERRE GROS HAVE CONVINCED ME TO RETAIN THE ORIGINAL GREEK TERM IN THE TITLE, RATHER THAN EMPLOYING A FRENCH TRANSLATION SUCH AS ILLUSION (USED BY NESTOR LUIS CORDERO) OR SIMULACRE (USED BY GILLES DELEUZE AND JACQUES DERRIDA).

properties that remain invariant under a characteristic transformation.
For English readers : V=vertcies; F=faces; E=edges
The table above is designed to provide an extremely simplified version of the architecture of geometry as conceived by Felix Klein. The number of geometries has been reduced to four, each characterized by a transformation that leaves numerical and geometric properties invariant.

It should be remembered that this program was proposed in 1872. When Plato wrote the Sophist in 370 B.C.E., he had only two types of invariant at his disposal: lengths and angles. Geometry, which would soon be developed into a formal system by Euclid, was above all a system of measurement combined with a theory of proportions. It was a two-level geometry, so when Plato sought to reconcile rest and motion he only had a very limited number of invariants at hand. At the level of isometry, the perfect figure that maintained invariant lengths and enjoyed the possibility of remaining at rest even while in motion was

the rotating sphere of the superlunary world. At the level of similarity, the figure of invariance by variation was given by the conjunction of the shadows of gnomon and pyramid—shadows that constantly vary yet whose ratio (logos, or proportion) remain constant.

Hence this distinction between images—between those that retain proportions on the one hand and those that alter them on the other. With the Sophist, Plato pulled off a major coup. And this all the while subscribing to the theory of proportions—as would Vitruvius and subsequently all theories of art and architecture—which represented the most highly evolved invariant of classical science. Plato simultaneously recognized the existence of the projective field and dared to accord it incontrovertible reality. The Stranger in no way contests the need to deform monumental statues; he would probably have agreed to Juan Caramuel y Lobkowitz's ovalization of the sections of the columns in his counterproposal for Saint Peter's Square in Rome. Yet recognizing the projective field was completely contrary to the neoclassical attitude of, say, Claude Perrault, who denied the utility of perspectival manipulations, arguing that a circle is always perceived as a circle, even when viewed from an angle; indeed, since all Cartesian thought was grounded in the rejection of the hypothesis of the †evil genius, the possibility of misleading the senses was a major risk for any philosophy based on evidence.

What do we mean by recognition of the projective field? We certainly do not mean that Plato foretold or already entertained the concepts that underlie projective geometry. Neither the optical corrections made by ancient architects nor the perspective drawings made by Brunelleschi could lay claim to projective conceptualization in the strict sense of the term. When Alberti wrote his Ludi mathematici (Mathematical Games), he limited himself to applications of the theorem erroneously attributed to Thales of Miletus. This led to the thorny question of the law of the foreshortening of intercolumniation in perspective depictions of porticos, which remained a troubling issue as long as the answer was sought in terms of proportion. On the level of concepts, there indeed occurred a rupture—a double rupture, even—with the arrival of †Girard Desargues followed by Brook Taylor. The key event was Desargues's Brouillon Project ("Rough Draft...") in 1639. The French architect considered points at infinity exactly like ordinary points, which not only allowed him to handle cylindrical and conic projections in the same fashion, but also to assimilate various conic sections to a single and unique curve.

[5] RUDOLF BKOUCHE, LA NAISSANCE DU PROJECTIF DE LA PERSPECTIVE À LA GÉOMETRIE PROJECTIVE (PARIS: CNRS, 1991).
[6] ARTHUR CAYLEY, 1821–1895.
[7] MENELAUS OF ALEXANDRIA, 70–130 C.E.
[8] PAPPUS OF ALEXANDRIA, 290–350 C.E.

Nevertheless, as Rudolf Bkouche has stressed, "Desargues's demonstrations respected Greek tradition, and they remain based on the theory of proportions[5]." It was not until 1715, when Taylor wrote his Linear Perspective, or a New Method of Representing Justly All Manners of Objects as They Appear to the Eye in All Situations, that we finally had at our disposal demonstrations based exclusively on projective properties, namely properties of incidence.

What date, then, should we ascribe to the advent of a projective approach? The year 1639, when the first concepts were invented, or 1715, when demonstrations were completely freed from the theory of proportions? Indeed, the process of emergence might even be extended up to Cayley's[6] formulation of a projective geometry that no longer relied on any metric notion. In the other direction, perhaps we should not overlook the Hellenistic theorems of †Menelaus[7] and †Pappus[8], which already bore on projective concepts. Nothing could be more dangerous than trying to reduce historical temporality to simple and exclusive models, such as epistomological breaks versus genealogical continuity. On the contrary, we need to elaborate complex models that allow us to conceive continuity and rupture jointly, along with the contemporary and the anachronistic, and with progress and repetition. Such models already exist; we need merely think of †percolation thresholds and catastrophe theory, which are perhaps only in their initial stages. Whatever, the case, it is useful to distinguish between facts and concepts. Indeed, a scientific fact is always a creative act and may, as such, be challenged independently of any conceptual elaboration. Singling out one phenomenon within diversity and recognizing it as a significant fact even though it upsets the current state of knowledge is already an act of invention. The fact that Plato took monumental statues into consideration, that he did not reject them as artistically bizarre, that he recognized the validity of their deformation as a function of a changing angle of vision—a deformation that violated the theory of proportions—would appear to be a positive step that erects a projective approach into a problematic issue, although one devoid—as it would remain for a long time—of any conceptual articulation.

The positive nature of Plato's contribution may appear more clearly if

[9] ONE OF THE GREAT FAILINGS OF ARCHITECTURAL THEORY HAS BEEN ITS INABILITY TO GO BEYOND A THEORY OF PROPORTIONS, A STRIKING CASE BEING LE CORBUSIER WITH HIS MODULOR.
[10] E. M. DE ROBERTIS AND Y. SASAI, "A COMMON PLAN FOR DORSOVENTRAL PATTERNING IN BILATERIA," NATURE 380 (1996): 37–40.

we compare it to negative approaches or practices devoid of all value. I have already mentioned the case of Perrault who, even after Desargues had formulated the first projective concepts, denied the relevance of optical correction in the constitution of the architectural orders[9]. But the role of the creation of facts in the realm of science has been particularly striking in the field of biology. Stephen Jay Gould has pointed out that most biologists in the early nineteenth century already

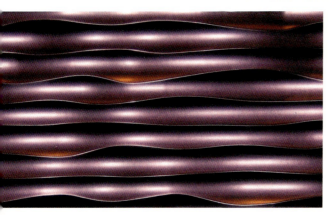

thought that adaptation and natural selection played a major role in the development of species; Darwin's major coup resulted from his reliance on that mechanism alone, rejecting all other approaches such as Lamark's vitalism. The progressive selection of totally random variations, totally devoid of directionality, sufficed to explain the evolution of species. And Darwin proclaimed this theory without knowing any of the mechanisms of heredity later discovered by Mendel, which meant that he developed his theory without being able to expound the mechanisms of genetic mutation that drive it. Furthermore, Darwin fully pursued this path even though he was aware that certain features were hard to interpret in terms of natural selection. Chapter six of †On the Origin of Species was precisely titled "Difficulties on Theory." There he wrote that, "This is the most interesting department of natural history, and may be said to be its very soul. What can be more curious than that the hand of a man, formed for grasping, that of a mole for digging, the leg of the horse, the paddle of the porpoise, and the wing of the bat, should all be constructed on the same pattern, and should include the same bones in the same proportions." Darwin was therefore well aware of this fact, which assumed fundamental significance for the structuralist disciples of Geoffroy Saint-Hilaire, who would be later be proven partly correct by DNA biology[10]. But Darwin managed to constitute his theory of evolution thanks to a practical approach that excluded everything other than the selection of tiny, random variations, even if that meant acknowledging difficulties that would have to be resolved at a later date.

Returning to the Plato of the Sophist, our Greek philosopher was obviously a long way from inventing anything that remotely resembled a projective concept. On the other hand, by accepting the deformation of proportions of statues as a pertinent approach he was able to elaborate, through his theory of minimal Being, a list of requirements that corresponds quite well to the current theory of invariants by variation. "Then the philosopher, who has the truest reverence for these qualities, cannot possibly accept the notion of those who say that the whole is at rest, either as unity or in many forms: and he will be utterly deaf to those who assert universal motion. As children say entreatingly 'Give us both,' so he will include both the moveable and immoveable in his definition of Being and all." [Sophist, 249c-d]. Finding a way to articulate precisely the two most contrary notions of motion and rest thus became the central point of the dialogue. "Alas, Theaetetus, methinks that we are now only beginning to see the real difficulty of the enquiry...."

Obviously, Plato lacked the means to construct a true theory of invariants by variation, a theory that requires correct articulation. All that he managed to express was the need to chose between three possibilities of linkage or "merging" only one of which was necessary. "For, surely, either all things have merge with all; or nothing with any other thing; or some things communicate with some things and others not." Aware of the difficulty of establishing a general theory that satisfied his requirements, Plato/the Stranger employed an example. "This merging of some with some may be illustrated by the case of letters; for some letters do not fit each other, while others do.... And the vowels, especially, are a sort of bond which pervades all the other letters, so that without a vowel one consonant cannot be joined to another." [Sophist, 253a-b]. Words intertwine, are braided together so that vowels and consonants have countervailing values. Here we find again the notion Plato had already used in order to recognize that the image illusion was a non-Being that is. "In what a strange complication of Being and non-Being we are involved!... See how, by his reciproca[l complications], the many-headed sophist has compelled us, quite against our will, to admit the existence of non-Being" [Sophist 240c].

[11] IT IS WORTH POINTING OUT THAT WE STILL DO NOT POSSESS A GENERAL THEORY OF INVARIANTS THAT CHARACTERIZES KNOTS AND LINKS, WHICH REMAINS A FASCINATING AREA OF MATHEMATICAL RESEARCH.
[12] SEE DÉTIENNE AND VERNANT, LES RUSES DE L'INTELLIGENCE, LA MÉTIS CHEZ LES GRECS (PARIS: CHAMPS FLAMMARION, 1974).
[13] SEE DÉTIENNE AND VERNANT, LES RUSES DE L'INTELLIGENCE, LA MÉTIS CHEZ LES GRECS (PARIS: CHAMPS FLAMMARION, 1974).

The key word here is the Greek term sumplokê, which means complication, interlinkage, or "entanglement" in contexts as varied as wrestling, sexual relationships, the combining of letters to form words, and of words themselves to form propositions. But Plato/the Stranger was developing a theory of discourse in which a noun was to "rest" what a verb is to "motion": "A succession of nouns only is not a sentence, any more than of verbs without nouns" [Sophist 262a]. Hence discourse is no longer a matter of logos, that is to say proportion, ratio, pure reason, but rather of sumplokê. In other words Plato, lacking the means to elaborate either a specific theory of projective invariants or a general theory of geometric invariants as a whole, takes as models the objects that would later pertain to another level of geometry, namely topology. Plato did not build the edifice of geometry, but he explored its levels.

Unable to formulate a theory of invariants in †intension, Plato does so in †extension. Sphere and link are extreme figures: isometry on the one hand, topology on the other. In terms of invariance, a sphere is a maximal figure whereas a link is a figure so minimal that its formalization is still beyond us[11]. Plato's strength was the ability to explore the various degrees of Being-power in both directions, the way a musician can run up and down scales. On the one hand, the major system of the Republic and Timaeus culminates with spherical perfection as an affirmation of the maximal invariant; on the other, the minor system of the Sophist listens the variations of a minimal Being that takes the form of entangled linkage. Already in Parmenides, Plato had been led to contemplate the need to recognize a certain reality to every Being, however minimal: "such things as hair, mud, dirt, or anything else which is vile and paltry" [Parmenides, 130c].

Via geometry, however it is really the general form of discourse and thought that is at stake. Thinking means not only identifying and proportioning, it also means projecting and interlacing[12]. The Sophist removes discourse from the sole governance of logos, and all the more so from its extreme form of the identity-ratio of 1:1. This, I would wager, is what encouraged Plato constantly to entangle mythos and logos in his Dialogues[13], dichotomous logic no longer providing sufficient foundation for his principles. And this entangled yet rigorous form of discourse is what Plato wanted to produce at the opening and closing of the Sophist.

Indeed, far from being just a simple introductory ploy, the opening set of definitions of a sophist should be taken very seriously, because its supplies us with a formal schema that authorizes a shift from dichotomy to entanglement. For as long as we stick with the two initial definitions, that of the angler, or fisherman, and the first one given for the sophist, we remain within a normal case of logical branching. When it comes to "an understanding not only about the name of the angler's art, but about the definition of the thing itself," successive dichotomies were invoked to demonstrate that "one half of all art was acquisitive—half of the acquisitive art was conquest or taking by force, half of this was hunting, and half of hunting was hunting animals, half of this was hunting water animals—of this again, the under half was fishing, half of fishing was striking; a part of striking was fishing with a barb, and one half of this again, being the kind which strikes with a hook and draws the fish from below upwards, is the art which we have been seeking, and which from the nature of the operation is denoted angling or drawing up (aspalieutike, anaspasthai)." The length of this somewhat artificial series of logical operations may seem odd, especially once we realize that this same chain will be repeated six times. Faced with a long list of basic, reiterated operations, modern readers will not only laugh but will immediately think of an algorithmic coding process whose structure should be grasped. From the angler Plato then moves to the sophist: both are hunters, though they do not go after the same game. He reminds the reader that hunting had already been subdivided into "hunting after swimming animals and [hunting after] land animals." Teh swimming game versus the walking game: the point of the dichotomy is clearly signaled by the two diverging branches of the tree that ultimately lead to anglers at one extremity and sophists at the other.

At this stage of the division process [Sophist, 226c], a separating technique makes it possible to "card" the series of basic operations. Carding, spooling, and spinning are weaving analogies applied to the dichotomies designed to clearly separate the threads. Yet immediately after this first definition of the sophist, the exact opposite occurs. We

[14] THIS SHARP DISTINCTION WAS LONG MAINTAINED, FOR EXAMPLE BY ALBERTI, WHO ARGUED THAT PAINTING IS A PRODUCT OF PERSPECTIVE WHEREAS ARCHITECTURE IS A PRODUCT OF PROPORTION. CONCEIVING THE PROJECTIVE REALM THROUGH THE THINGS THEMSELVES REMAINS AN ONGOING TASK.

retain the points of division from which the threads diverge, but their divergence is merely temporary; the six definitions of the sophist ultimately converge on the same object. These definitions challenge the application of the method, since the point of dichotomy appears to be totally arbitrary—why branch off here rather than elsewhere?—but ultimately it is the method itself that is challenged since in the final analysis the threads, initially separated, are knotted together again. Dichotomous branching did not suffice to define a sophist, so the logical method was changed. From the logical tree we first proceeded to a bundle of threads knotted at both ends. But this strictly linear logic would also have to be dropped in order to develop a new, tabulated one—the one that concludes the dialogue in the final definition of a sophist, where Plato/the Stranger says, "...you should make a vertical division of production or invention, as you have already made a lateral one." The vertical division is designed to separate divine productions from human ones, just as the lateral one separates the production of things from the production of images—when it comes to human productions, for instance, the Stranger can henceforth distinguish architecture from painting.[14] It all seems as though Plato, by making intersecting cuts, was recomposing the linear, branching diagram of the Republic—which divided visible from intellible, each subdivided into things and copies on the one hand, hypothetical and nonhypothetical statements on the other—into a table or chart.

Linear, dichotomous, proportional diagram of the Republic			
Species Visible		Species Intelligible	
Copies: Reflections, shadows,	Things: Animals, objects	Hypothetical: Geometry, arithmetic, etc	Nonhypothetical: Ideas

Intersecting, tabulated chart of the Sophist		
Productions	Human	Divine
Thing	Architecture	Ideas?
Image	Painting	Reflections, shadows, dreams

"May I suppose that you have this distinction of the visible and intelligible fixed in your mind?"

"I have."

"Now take a line which has been cut into two unequal parts, and divide each of them again in the same proportion, and suppose the two main divisions to answer, one to the visible and the other to the intelligible, and then compare the subdivisions in respect of their clearness and want of clearness, and you will find that the first section in the sphere of the visible consists of images. And by images I mean, in the first place, shadows, and in the second place, reflections in water...." [Republic, 509d-e]. The linear segments of the Republic are the outcome of a dichotomous process that leaves proportions invariant: the visible is to the intelligible as the copy is to the model, and as the hypothetical is to the non-hypothetical. The chart of the Sophist recasts the segments of the Republic into a net henceforth used to capture this many-headed figure: "Let us bind him." [Sophist, 268c]. The philosopher therefore appears to be a net fisherman, although it's just possible he'll get caught in his own net, given that this netting suggests the laughter that greeted Hesphaestus once he had bound Ares and Aphrodite together. The Sophist would thus seem to end after having explored, in extension, the polysemic aspect of the word sumplokê: the braiding of textiles, the entanglement of wrestlers and lovers, and the linkage of letters into words and of words into propositions.

Because various spheres of discourse are highly partitioned nowadays, this interpretation may seem heterodox, to say the least. But for anyone who reads the Greek texts from the standpoint of contemporary practice of computer-aided design, the theory of invariants by variation represents the expression of what may today claim to have value not only as truth, but also as productivity. Inventing ever more sophisticated invariants that make it possible to account for—and also produce—ever more diverse varieties: that is the fold that Western reasoning seems to have adopted since Plato. This theory of invariants therefore has a very old core, whose "isometric" and "proportional" aspects were magnificently formalized by Euclid shortly after Plato. This core remains completely valid despite the connotations of such unfortunate expressions as "non-Euclidean geometry," which suggest that spherical and hyperbolic geometries contradict Euclidean geometry. Alongside this basic core, I think I have uncovered in Plato the inklings of a general theory of invariants. But I can certainly not claim to have recovered the historical truth behind Plato. First of all because I'm not an historian. Secondly, because "Platonism" does not seem to need any outside help in generating swings of direction even more radical than all those inflicted on it ex post facto; any interpretation would therefore suppose that one has adopted all the contortions required by the corpus of texts. But above all because what counts is finding another relationship to history that allows ancient texts to function in relation to current conditions of architectural output in order to elaborate the architectural theory we so desperately need.

GÉOMÉTRIES DU PHANTASMA[1]

BERNARD CACHE OBJECTILE 17 JULY 2003

« La tâche principale du traducteur du Sophiste est celle-ci : convaincre le lecteur que toute traduction claire, absolument compréhensible, voire élégante de ce dialogue est forcément infidèle au texte. En effet, depuis l'Antiquité, le Sophiste est considéré comme l'un des textes les plus obscurs de Platon. » C'est en ces termes que Nestor Luis Cordero prévient le lecteur au seuil de ce texte qu'il présente également comme une « seconde navigation », à savoir un remaniement en profondeur du système qui avait auparavant trouvé son assise dans cette oeuvre centrale qu'est LA RÉPUBLIQUE.

C'est donc bien averti des risques encourus, que nous allons tenter une autre traduction du SOPHISTE, recourant à un autre type de langage, la géométrie et, plus exactement, la géométrie dans son rapport réciproque à l'architecture.

« Que nul n'entre ici s'il n'est géomètre ». La géométrie occupe chez Platon une place très particulière : charnière entre le visible et l'invisible, entre le sensible et l'intelligible. D'une part, la géométrie joue un rôle propédeutique, en montrant comment nous devons nous détacher du sensible et du particulier pour nous tourner vers l'intelligible, le géomètre ne se tournant vers les figures qu'il a sous les yeux que pour y considérer les Formes intelligibles qui sont l'objet de la connaissance de l'Être véritable. Mais d'autre part, dans le schéma fondamental de La République[2], la géométrie ne constitue jamais que le premier étage du monde intelligible. Plus exactement, la géométrie comme les autres sciences sont dites hypothétiques et pour cette raison, ne peuvent nous conduire à la connaissance des choses essentielles. Dans ce premier étage de l'intelligible, « l'âme, traitant comme des copies les choses qui précédemment étaient celles qu'on imitait, est obligée dans sa recherche de partir d'hypothèses, en route non vers un principe, mais vers une terminaison ... » (La République, VI, 510b).

Il y a chez Platon, mais certainement aussi de manière très générale chez Aristote et chez de nombreux penseurs grecs qui s'attachent à définir le statut d'un système logique tel que celui de la géométrie, une très claire conscience de l'impossibilité d'une fondation exclusivement rationnelle et de l'obligation de s'en remettre à des postulats. Que le mot hypothesis soit pris au sens d'axiome ou au sens de simple hypothèse de discussion, ou encore que l'on passe de l'un à l'autre en faisant une sorte de synthèse axiomatico-dialectique comme le fait Socrate dans le Ménon[3], la vertu étant tantôt un bien - postulat admis de tous mais indémontrable - ou une connaissance qui s'enseigne - hypothèse arbitraire à discuter - , l'hypothétique porte la marque de ce que le logos ne suffit pas à se fonder lui-même. D'où la nécessité pour Platon d'en appeler à une deuxième section de l'intelligible, dite anhypothétique. Ainsi dans la deuxième partie du Parménide, lorsque Zénon se joint à Socrate pour sommer l'Eléate de démontrer la méthode qu'il préconise, le philosophe s'exécute en reconnaissant qu'il faut commencer par formuler une hypothèse « s'il est un », mais qu'il conviendra tout aussi bien d'examiner les conséquences de sa négation « s'il n'est pas un » (Parménide, 137 b). L'hypothèse y est donc sujette à contradiction. Plus tard, dans les Seconds Analytiques, Aristote n'aura de cesse d'affirmer que les principes ne sont pas démontrables. A s'en tenir à la raison démonstrative seule, une proposition telle que la somme des angles d'un triangle égale 180°, reste une hypothèse parmi d'autres qui ne peut être sauvée, en toute fin des Analytiques (II, 19), que par le recours à l'intuition. De cette somme, en tant qu'objet du logos seul, on peut dire tout et son contraire, ce qui précisément caractérise le mode d'argumentation des sophistes. Voilà donc que le discours qui, bientôt ordonné par Euclide, incarnera le modèle même de la rationalité pour les vingt et un siècles suivants, entrouvre la porte aux manoeuvres de la sophistique. D'où la nécessité pour Platon de réagir aux niveaux des fondements.

Et précisément, comment définir le Sophiste ? Platon s'y prend progressivement : pas moins de six définitions avant d'en venir au coeur du problème. Le Sophiste y apparaît successivement comme :
- un chasseur de jeunes riches pour obtenir de l'argent
- un trafiquant de connaissances
- un commerçant de connaissances au détail
- un fabricant de connaissance
- un contradicteur professionnel
- un purificateur d'âme.

A ce point, l'Étranger qui mène le dialogue marque une pause avant d'opérer un glissement : « L'impression que les sophistes donnent à ceux qui les écoutent est donc, me semble-t-il, de connaître parfaitement ce qu'ils contredisent .» Les Sophistes possèdent une sorte de science de l'apparence sur toutes choses qui donne l'illusion qu'ils ont raison de tout. Mais quelqu'un qui prétend tout savoir et tout enseigner ne peut être qu'un amuseur, et la forme la plus technique et la plus agréable de l'amusement est l'imitation. Le Sophiste devient alors un fabricant d'images parlées : c'est un imitateur.

L'Être et le Non-Être des images

Et, précisément, qu'est-ce qu'une image ? Il y en a de plusieurs sortes. Naturels sont les reflets sur l'eau ou les ombres projetées par le soleil. Artificiels sont les tableaux ou les statues comme celles qu'on place au sommet des temples. Dans tous les cas, l'image est le double d'un modèle et cette doublure est elle-même double suivant la relation qu'elle entretient avec son original. Car il y a d'une part les copies qui respectent les proportions du modèle en longueur, largeur et profondeur. Et puis, d'autre part, il y a ces oeuvres monumentales où les proportions du modèle sont altérées sans quoi « les parties supérieures paraîtraient trop petites, et les parties inférieures trop grandes, puisque nous voyons les unes de loin et les autres de près » (Le Sophiste, 236 a). Si les premières images méritent bien le nom de copies, les autres sont qualifiées de phantasma, que Cordero traduit par « illusion ». L'essentiel est de bien saisir que si le respect des proportions définit l bonne copie, l'illusion n'est pas rejetée pour autant. Le résultat en est certes une altération, mais cette correction optique est nécessaire pour sauver les apparences, compte tenu de la diminution de l'angle apparent d'autant plus forte que s'élèvent vers le haut les statues monumentales.

C'est sur la base du bien fondé de l'illusion que l'Étranger pose le problème qui sera désormais central : « Qu'une chose apparaisse ou semble, cependant sans être, et que l'on dise quelque chose sans cependant dire la vérité, voila que tout cela est plein de difficultés, non seulement à l'heure actuelle et dans le passé, mais toujours. Car il est tout à fait difficile de trouver un moyen pour expliquer comment il est nécessaire que dire ou penser le faux soit réel, sans être empêtré dans une contradiction. » [Le Sophiste, 236 e]. Le cœur du problème c'est l'Être ou le Non-Être de l'image. Si l'image n'est qu'illusion, pur Non-Être, comment accuser le Sophiste pour des faussetés qui ne sont rien ? Il faut bien que l'image puisse prétendre à un minimum d'être si l'on veut tenir un chef d'accusation consistant à l'encontre du sophiste. Mais si l'image est cependant quelque chose, le Sophiste ne dit-il pas quelque chose de l'Être et donc de la vérité ?

On en vient donc à examiner les rapports de l'Être et du Non-Être. D'un côté, les Amis de la Forme, disciples de Parménide comme l'a longtemps été Platon lui-même. Pour eux, l'Être est univoque : l'Être est, l'Être est Un, le Non-Être n'est pas. Les images, le corps, le sensible, le mouvement, tout cela n'est qu'apparence. Il n'y a de vérité que de l'Être stable, invariant qui fonde la possibilité même de tout discours organisé car comment dire quelque chose de ce qui toujours se meut. Il en va de la possibilité même de nommer les choses. De l'autre côté, les Fils de la Terre qui ne reconnaissent de réalité que matérielle, corporelle, sensible et mouvante. Homère lui-même n'avait-il pas affirmé que l'âme - à savoir le siège de l'intelligible - est cette puissance qui met le corps en mouvement. Et l'Étranger de renvoyer dos à dos l'un et l'autre camp. Contre les Fils de la Terre, il maintient que Platon a toujours clamé, à savoir la nécessité de rechercher des Formes invariantes dans la mouvance apparente des phénomènes. Contre les Amis de la Forme, il objecte qu'il n'y a pas de connaissance sans sujet qui connaît, et qui donc pâtit. Et le pathos ne va pas sans impliquer le changement.

Comme le récapitule si bien Cordero, dans le domaine de la connaissance, l'objet présuppose le repos, mais le sujet qui est l'intellect et donc l'âme et donc la vie, introduit le mouvement. Il convient alors d'établir un lien entre le repos et le mouvement et de penser un Être total qui englobe ces réalités différentes. Cet Être total, qui accueillera aussi bien l'erreur et l'illusion que les Formes les plus stables, c'est un Être minimum, puissance d'agir et de pâtir, si petite soit-elle. « Je dis de ce qui possède une certaine puissance (dunamis), soit pour agir sur n'importe quelle autre chose naturelle, soit de pâtir même dans un degré minime, par l'action de l'agent le plus faible, et même si cela n'arrive qu'une fois - tout cela, je dis existe réellement. Et par conséquent, je pose comme définition qui définisse les êtres que ceux-ci ne sont que puissance (dunamis) » (Le Sophiste 247 d-e).

Extraordinaire définition de l'Être comme puissance minimale d'agir et de pâtir, qui n'est pas sans résonance spinoziste ou nietzschéenne. Cette puissance, poursuit Platon l'Étranger, met en communication le mouvement et le repos, non indistinctement, car alors le mouvement lui-même s'arrêterait totalement et le repos à son tour serait en mouvement, mais suivant des Formes hiérarchisées qui les entrelacent l'un à l'autre.

Articuler le repos et le mouvement, l'invariant et la variation, c'est précisément ce que propose, vingt et un siècles plus tard, un jeune mathématicien de 24 ans qui entend réordonner l'édifice de la géométrie, édifice qui menace se fissurer sous une double pression : celle d'une part, des géométries qui attribuent à la somme des angles d'un triangle d'autres valeurs que 180°[4], et d'autre part, des géométries qui entendent parler de l'espace sans plus se soucier de mesure, géométrie au premier rang desquelles vient la géométrie projective, mais qui est ensuite relayée par la topologie.

Ce jeune mathématicien, c'est Félix Klein, plus connu du grand public pour sa curieuse bouteille sans intérieur ni extérieur. En 1872, Klein prononce le discours inaugural de son enseignement : le désormais fameux « Programme d'Erlangen ». Son idée est de repenser l'architecture de la géométrie en y distinguant plusieurs étages, chacun structuré par des propriétés laissées invariantes par une transformation caractéristique.

ARCHITECTURE DE LA GÉOMÉTRIE SELON LE
« PROGRAMME D'ERLANGEN » (1872)

Géométries	Transformation caractéristique	Invariant géométrique	Invariant numérique
Isométrie	Rotation	Distances (identité)	Nombre $a_1 = a_2$
Similitude	Homothétie (forme)	Angles	Rapport $(a_1/b_1)=(a_2/b_2)$
Projective	Projection	Intersection et alignement	Bi - rapport $[(a_1/b_1)/(c_1/d_1)]= [(a_2/b_2)/(c_2/d_2)]$
Topologie	Déformation (diverses)	Continuité	Relations plus complexes, tel que le nombre d'Euler: $s+f-a$

Le tableau ci-dessus a pour objet de donner une présentation extrêmement simplifiée de l'architecture de la géométrie conçue par Klein. Le nombre de géométries y a été ramené à quatre, chacune caractérisée par une transformation, laquelle laisse invariant des propriétés numériques et géométriques.

Rappelons-le, ce programme est énoncé en 1872. Lorsque Platon écrit Le Sophiste, en l'an -370 avant notre ère, il n'a,

[1] LES CRITIQUES PRÉCISES ET BIENVEILLANTES DE PIERRE GROS NOUS ONT CONVAINCU DE LAISSER, DANS CE TITRE, LE TERME ORIGINAL GREC PLUTÔT QUE DE RECOURIR À UNE TRADUCTION, QU'IL S'AGISSE DU MOT « ILLUSION » UTILISÉ PAR NESTOR CORDERO OU DU MOT « SIMULACRE » UTILISÉ PAR GILLES DELEUZE ET JACQUES DERRIDA.
[2] CE SCHÉMA EST REPRÉSENTÉ CI-DESSOUS EN PAGE 8.
[3] VOIR L'INTRODUCTION DE MONIQUE CANTO-SPERBER À SA TRADUCTION, PUBLIÉE CHEZ GARNIER FLAMMARION.
[4] GÉOMÉTRIES QUE FÉLIX KLEIN QUALIFIERA DE « SO GENANT NICHT EUCLIDISCH »

à sa disposition, que deux types d'invariants géométriques : les distances et les angles. La géométrie, qui sera bientôt formalisée par Euclide, est avant toute chose une métrique doublée d'une théorie des proportions. C'est une géométrie à deux étages. Aussi, lorsque Platon cherche à composer le repos et le mouvement, notre philosophe ne dispose-t-il que d'un nombre très limité d'invariants. A l'étage de l'isométrie, la figure parfaite qui maintient les distances invariantes et qui a la possibilité de rester au repos tout en se mouvant, c'est la sphère en rotation du monde surlunaire. A l'étage des similitudes, la figure de l'invariant par variation nous est donné par la conjonction des ombres du gnomon et de la pyramide, ombres qui sans cesse varient mais dont le ratio, le rapport, le logos ou encore la proportion restent constants.

D'où cette distinction entre les images avec d'une part, celles qui conservent les proportions et de l'autre, celles qui les altèrent. C'est un vrai coup de force que réalise Platon avec Le Sophiste. D'une part il ne peut que souscrire, comme plus tard Vitruve, et à leur suite toute la théorie de l'art et de l'architecture, à la théorie des proportions qui représente l'invariant le plus évolué de la science classique. D'autre part, Platon reconnaît l'existence du fait projectif, et s'aventure à lui reconnaître une réalité incontournable. L'Étranger ne conteste nullement la nécessité des déformations des statues monumentales. Il souscrirait probablement à l'ovalisation de la section des colonnes du contre-projet d'un Juan Caramuel de Lobkowitz pour l'aménagement de la Place Saint-Pierre. Reconnaissance du fait projectif tout à fait contraire à l'attitude néoclassique d'un Perrault qui dénie l'utilité des manipulations perspectives : un cercle est toujours perçu comme un cercle, même vu de biais. Car, rappelons-le, tout le cartésianisme est fondée sur le rejet de l'hypothèse du malin génie. La possibilité de l'abus des sens est le péril majeur d'une philosophie fondée sur l'évidence.

La reconnaissance du fait projectif

Que voulons-nous dire par reconnaissance du fait projectif ? Nous ne voulons certainement pas dire que Platon anticipait ou disposait déjà des concepts qui fondent la géométrie projective. Les corrections optiques de l'architecture antique, pas plus que les représentations perspectives de Filippo Brunelleschi ne peuvent prétendre à une conceptualisation projective à proprement parler. Lorsque Alberti écrit ses Divertissements mathématiques, il se borne encore à des applications du théorème de Thalès. D'où l'épineuse question de la loi du raccourcissement des intercolumnatio dans les représentations de portiques en perspective, question lancinante aussi longtemps qu'on cherchera une réponse en termes de proportion. Sur le plan des concepts, il y a bel et bien rupture et même double rupture avec Girard Desargues, puis Brook Taylor. L'événement majeur, c'est l'écriture du Brouillon Project en 1639. Desargues considère les points à l'infini exactement comme des points ordinaires ce qui lui permet de traiter de la même façon les faisceaux de droites parallèles ou concourantes, mais aussi bien d'assimiler les divers sections coniques à une seule e même courbe.

Il n'en demeure pas moins, et c'est Rudolf Bkouche qui le sou ligne, que « les démonstrations de Desargues respectent l tradition grecque, et qu'elles demeurent fondées sur la théori des proportions[5] » . Il faudra attendre 1715 et la rédaction pa Taylor de son Linear Perspective, pour disposer enfin de dé monstrations qui fassent exclusivement appel à des propriété projectives, à savoir les propriétés d'incidence.
Comment donc dater l'avènement du projectif ? Lui assignera t-on l'année 1639 où les premiers concepts furent inventés o le reportera-t-on à 1715 lorsque les démonstrations se libére ront totalement de la théorie des proportions ? Mais on pou rait aussi bien faire durer le processus d'émergence jusqu' ce qu'au moment où Arthur Cayley[6] donne une formulation d la géométrie projective qui ne repose plus sur aucune notio métrique. En sens inverse, peut-on tenir pour totalement négl geables les théorèmes hellénistiques de Ménélaüs[7] et Pappus qui portent déjà sur des concepts projectifs ? Rien ne sera plus dangereux que de vouloir ramener la temporalité histo rique à des modèles simples et exclusifs, comme la ruptur épistémologique qu'on oppose à la continuité généalogique Il convient au contraire d'élaborer des modèles complexe qui permettent de penser ensemble le continu et la ruptur le contemporain et l'anachronique ou encore le progrès et l répétition. De tels modèles existent déjà ; on pense au seu de percolation ou à la théorie des catastrophes ; et sans dout ce ne sont là que de premières esquisses. Mais, en tout éta de cause, il nous semble utile de distinguer l'ordre des faits celui des concepts. Car un fait scientifique est toujours dé une création et peut, en tant que tel, être récusé, indépendar ment de toute élaboration conceptuelle. Isoler un phénomèn au sein du divers et le reconnaître comme significatif alo qu'il déroge à l'état courant de la science, c'est déjà faire œu re d'invention. Que Platon prenne en considération les statue monumentales, qu'il ne les rejette pas en tant que bizarreri artistique et reconnaisse le bien-fondé de leur déformation e fonction de la variation de l'angle apparent, déformation q fait entorse à la théorie des proportions, voilà qui nous sembl une contribution positive et constitue le projectif en tant qu fait problématique, indépendamment encore et pour long emps de tout concept articulé.

La positivité de cette contribution apparaîtra peut-être enco mieux si on la confronte à des cas négatifs où des faits s voient déniés toute valeur. Nous avons déjà évoqué le cas Claude Perrault qui, après que Desargues ait formulé les pr miers concepts projectifs, rejette toute pertinence aux corre tions optiques dans la constitution des ordres architecturau . Mais l'importance de la création ou du déni des faits dans travail scientifique nous semble tout aussi exemplaire en bi logie. Stephen Jay Gould rappelle que la plupart des biologist du début du XIXe siècle pensaient déjà que l'adaptation et sélection naturelle jouait un rôle majeur dans la constituti des espèces. Le coup de force de Charles Darwin va être

'en tenir à cette seule cause en rejetant toutes les autres con-
ributions, telles celle du vitalisme de Jean-Baptiste Lamark.
a sélection progressive de petites variations totalement
léatoires, sans directionnalité aucune, doit suffire à expliquer
évolution des espèces. Et cela, Darwin l'affirme sans disposer
e la connaissance des mécanismes de l'hérédité découverts
lus tard par Gregor Mendel. Darwin développe donc sa théorie
ans pouvoir articuler les mécanismes des mutations géné-
iques qui en constituent le moteur conceptuel. Mieux encore,
arwin poursuivra dans cette voie alors qu'il est conscient de
ertains faits difficilement interprétables en termes de sélec-
on naturelle. Au chapitre 6 de l'Origine des espèces, précisé-
hent intitulé « Difficulties on Theory », Darwin écrit : "This is
he most interesting department of natural history, and may
e said to be its very soul. What can be more curious than that
he hand of a man, formed for grasping, that of a mole for dig-
ing, the leg of the horse, the paddle of the porpoise, and the
ring of the bat, should all be constructed on the same pattern,
nd should include the same bones in the same proportions
. Darwin est donc bien conscient de ce fait qui prend valeur
ondatrice pour les structuralismes, disciples de Geoffroy Saint-
ilaire, et auxquels la biologie de l'ADN finira par donner parti-
llement raison[10]. Mais Darwin parvient à constituer sa théorie
e l'évolution, grâce au rejet de tout autre fait que la sélection
e petites variations aléatoires, quitte à les conserver au titre
e difficultés devant être résolues après-coup.

etour topologique au Sophiste

evenons désormais à Platon dans Le Sophiste. Notre philo-
ophe grec est évidemment très loin d'inventer quoi que ce soit
ui ressemble à un concept projectif. En revanche, la constitu-
on de la déformation des proportions au rang de fait pertinent
amène à élaborer, au travers de sa théorie de l'Être Minimum,
n cahier des charges auquel répond très bien la théorie ac-
uelle des invariants par variation. « Le philosophe, lui, qui
stime au plus haut degré toutes ces choses, est donc absolu-
ent contraint E de ne pas approuver que le tout soit en repos,
u'il s'agisse de l'opinion de ceux qui affirment l'existence d'une
eule forme, ou de ceux qui affirment qu'il y a plusieurs, et
e pas écouter non plus, en aucune manière, ceux qui font
ouvoir l'être en toutes directions ; lui, comme les enfants
ans leurs désirs, ne sachant que choisir, devra dire que le «
ut qui est » est à la fois immobile et en mouvement » (Le So-
histe, 249 c-d). Trouver le moyen d'articuler précisément ces
eux notions les plus contraires que sont le mouvement et le
pos, voilà le point central de ce dialogue : « Hélas, Théétète,
n'est en effet que maintenant que nous connaîtrons la diffi-
ulté qui s'attache à notre recherche. »

aton ne dispose évidemment pas des moyens de construire
e véritable théorie des invariants par variations, théorie qu'il
efforce cependant de bien articuler. Tout ce qu'il parvient à
rmuler, c'est la nécessité de choisir entre trois possibilités. «
, seule l'une de ces trois possibilités est nécessaire : ou bien
ut se mélange, ou bien rien ne se mélange, ou bien encore

certaines choses veulent se mélanger et d'autres non » (Le Sophiste, 252 e). Conscient donc de la difficulté d'établir une théorie générale qui satisfasse son cahier des charges, Platon l'Étranger s'en remet à un exemple : « Lorsque certaines choses veulent agir de cette sorte, et d'autres non, elles opèrent comme les lettres […] Or, à la différence des autres lettres, les voyelles, se déplacent comme un lien à travers toutes » (253 a). Les mots entrelacent, brin dessus, brin dessous, voyelles et consonnes qui ont valeur de contraire les unes par rapport aux autres. Nous retrouvons là cette notion à laquelle Platon avait déjà eu recours, lorsqu'il s'était agi de reconnaître que l'image illusion est un Non-Être qui est : « Il se peut bien que d'une manière très insolite, une certaine liaison de ce type entrelace le non-être et l'être E et grâce à cet entrelacement, le sophiste aux multiples têtes nous a forcés à accorder, malgré nous, que le non-être existe d'une certaine manière. » (240 c)

Le mot clé est ici sumplokè qui, en grec, signifie „entrelacement" dans des situations aussi diverses que la lutte, le rapport sexuel ou encore la combinaison des lettres pour former des mots, ct des mots eux-mêmes pour former des propositions. « Le discours lui-même ne surgit pas des noms prononcés isolément, les uns après les autres, pas plus que des verbes énoncés séparément des noms.» (262 a) Voici que Platon l'Étranger émet une théorie du discours où le nom est au repos ce que le verbe est au mouvement, discours qui ne ressort plus du logos, c'est à dire de la proportion, du ratio ou de la raison pure, mais de la sumplokè. Autrement dit, Platon n'ayant les moyens d'élaborer ni la théorie particulière des invariants projectifs, ni la théorie générale des invariants géométriques, prend pour modèle d'articulation épistémologique des objets qui relèveront plus tard d'un autre étage de la géométrie, à savoir la topologie. Platon ne construit pas l'édifice de la géométrie, mais il en parcourt les étages.

Incapable de formuler une théorie des invariants en compréhension, Platon la délivre en extension. La sphère et l'entrelacs en sont les figures extrémales : isométrie d'une part, topologie de l'autre. Si l'on se place du point vue de l'invariance la sphère est la figure de l'invariance maximale tandis que l'entrelacs en constitue la figure tellement minimale que sa formalisation nous échappe encore et toujours[11]. La force de Platon aura été de parcourir les divers degrés de l'être-puissance dans les deux sens, comme on monte et descend les gammes. D'une part le système majeur de La République et du Timée qui culmine avec la perfection sphérique comme affirmation de l'invariant maximal. Et d'autre part, le système mineur du Sophiste qui prête l'écoute aux variations d'un Etre minimal qui prend la forme de l'entrelacs. Et déjà, dans le Parménide, Platon était-il amené à s'interroger sur la nécessité de reconnaître une certaine réalité à tout être, si minime soit-il : « cheveu, boue, crasse, et tout ce qui est vil ou sans valeur » (Parménide, 130 c).

Mais à travers la géométrie, c'est la forme générale du discours et de la pensée qui est en cause. Penser n'est plus seulement

---

[5] R. BKOUCHE, « LA NAISSANCE DU PROJECTIF. DE LA PERSPECTIVE À LA GÉOMÉTRIE PROJECTIVE », MATHÉMATIQUES ET PHILOSOPHIE. DE L'ANTIQUITÉ À L'ÂGE CLASSIQUE, PARIS, CNRS, 1991.
[6] A. CAYLEY (1821-1895)
[7] MÉNÉLAÜS D'ALEXANDRIE (70-130 AP. J.-C.)
[8] PAPPUS D'ALEXANDRIE (290-350 AP. J.-C)
[9] C'EST UNE DES GRANDES FAIBLESSES DE LA THÉORIE D'ARCHITECTURE QUE DE N'AVOIR JAMAIS SU ALLER AU DELÀ D'UNE THÉORIE DES PROPORTIONS, LE CAS DE LE CORBUSIER ET DE SON MODULOR ÉTANT PARTICULIÈREMENT FRAPPANT.
[10] E.M. DE ROBERTIS AND YOSHIKI SASAI, « A COMMON PLAN FOR DORSOVENTRAL PATTERNING IN BILATERIA », 1996, NATURE 380, 37-40.
[11] RAPPELONS EN EFFET QUE NOUS NE DISPOSONS TOUJOURS PAS D'UNE THÉORIE GÉNÉRALE DES INVARIANTS QUI CARACTÉRISENT LES NŒUDS ET LES ENTRELACS, CE QUI DEMEURE UN SUJET DE RECHERCHE PASSIONNANT EN MATHÉMATIQUES.
[12] VOIR JEAN-PIERRE VERNANT (AVEC MARCEL DÉTIENNE), LES RUSES DE L'INTELLIGENCE. LA MÉTIS DES GRECS, PARIS, FLAMMARION, COLL. « CHAMPS », 2E ÉD. 1978 (1974).

identifier ou proportionner, c'est également projeter et lier[12].
Le Sophiste permet de faire sortir le discours de la seule ordonnance au logos, et plus encore à sa forme extrémale du rapport identitaire 1/1. Gageons que c'est de là que s'autorise Platon à constamment entrelacer mythos et logos dans la plupart de ses Dialogues[13], la logique dichotomique ne suffisant pas à fonder les principes. Et cette forme entrelacée mais néanmoins rigoureuse du discours, Platon s'est attaché à la produire en tête et en fin du Sophiste.

En effet, loin de n'être qu'un simple jeu introductif, la série initiale des définitions du Sophiste doit être prise très au sérieux, parce qu'elle nous fournit le schéma formel qui nous fait passer de la dichotomie à l'entrelacs. Car aussi longtemps qu'on s'en tient aux deux premières définitions, celle du pêcheur à la ligne et celle donnée initialement du Sophiste, nous nous trouvons dans un cas normal d'arborescence. Par dichotomies successives nous savons que « la moitié de la technique tout entière était d'acquisition ; que la moitié de l'acquisition était l'appropriation ; que celle de l'appropriation était la capture ; que celle de la capture était la chasse aux gibiers nageurs ; que la section inférieure de la chasse aux gibiers nageurs était la pêche ; que celle de la pêche était la pêche à la frappe, était la pêche à l'hameçon ; et, dans cette dernière technique de pêche, celle qui frappe du bas vers le haut donne son nom à cette activité même que nous recherchions, qui s'appelle pêche à la ligne. ». La longueur de cette série d'opérations logiques, quelque peu artificielle, prête à sourire, surtout quand on sait que la même chaîne va être rejouée six fois. Confronté à une longue liste d'opérations élémentaires réitérées, un lecteur contemporain ne se contentera cependant pas de sourire et pensera aussitôt à une procédure de codage algorithmique dont il convient de comprendre la structure. Du pêcheur à la ligne on passe donc au Sophiste. Tous deux sont chasseurs, mais ils ne poursuivent pas le même gibier. « Nous avons tout à l'heure séparé en deux classes les espèces de gibier : d'un côté ceux qui marchent et de l'autre côté ceux qui nagent ». Gibier nageur, gibier marcheur, le point de dichotomie est clairement signifié à partir duquel les deux embranchements de l'arbre divergent pour aboutir d'un côté au pêcheur à la ligne, et de l'autre au Sophiste.

A ce point de division, on applique une technique de séparation (226 c) qui permet de carder les enchaînements d'opérations élémentaires. Carder, dévider, tramer (226 b) sont les modèles textiles qui s'appliquent à la dichotomie et qui ont pour objet de démêler les fils. Or sitôt après cette première définition du Sophiste, c'est bien tout le contraire qui se produit. On conserve des points de division à partir desquels les fils s'écartent, mais leur divergence n'est que temporaire puisque les six définitions du Sophiste convergent finalement bien vers le même objet. D'une part donc ces définitions remettent en cause les modalités d'application de la méthode puisque le point de dichotomie apparaît comme totalement arbitraire – pourquoi tel point de divergence plutôt que tel autre ?-, mais finalement, c'est la méthode même qui est remise en cause puisqu'en der-

nière instance les fils, initialement, séparés sont renoués tous ensemble. C'est que l'arbre dichotomique ne suffit pas à définir le Sophiste. Il faut changer de schéma logique. De l'arbre on est d'abord passé à un faisceau noué aux deux extrémités. Mais il conviendra également de sortir d'une logique strictement linéaire pour en élaborer une nouvelle, tabulaire, dans la définition finale du Sophiste qui conclut le dialogue. « De la même manière que l'on avait coupé la technique de la production dans le sens de la largeur, sectionne-la maintenant selon la longueur ». Suivant le sens de la longueur, on distinguera les productions divines et humaines, alors que suivant la largeur on distinguera production de choses et production d'images l'Étranger opposant alors, pour ce qui est des productions humaines, la peinture à l'architecture[14]. Tout se passe comme si, en croisant les coupures, Platon recomposait ici, tabulairement, le schéma linéaire de La République qui ordonnait au long d'un seul et même fil les quatre grandes catégories visible et intelligible d'abord, chacune subdivisée ensuite en copies et choses d'une part, discours hypothétique et anhypothétique d'autre part.

SCHÉMA LINÉAIRE, DICHOTOMIQUE ET PROPORTIONNEL DE LA RÉPUBLIQUE

Espèces		Espèces	
Visible		Intelligible	
Copies :	Choses :	Hypothétique :	Anhypothétique
Reflets,	Animaux,	Géométrie,	Idées
ombres,	objets	calcul, etc	
rêves			

SCHÉMA TABULAIRE CROISÉ DU SOPHISTE

Productions	Humaines	Divines
Chose	Architecture	Idées ?
Image	Peinture	Reflets, ombres, rêves

« Quoiqu'il en soit, tu as là deux espèces, n'est-ce pas l'espèce visible et l'espèce intelligible. – Je les ai. – Sur ce prends, par exemple une ligne sectionnée en deux parties qui sont des segments inégaux, sectionne à nouveau, selon le même rapport, chacun des deux segments, celui du genre visible comme celui du genre intelligible. Ainsi, eu égard une relation réciproque de clarté et d'obscurité, tu obtiendras, dans le visible, ton deuxième segment, les copies : par copies j'entends premièrement les ombres portés, en second lieu les images réfléchies...» [La République VI, 509 d-e]. Les segments linéaires de La République sont le résultat d'un processus dichotomique qui laisse invariantes les proportions : visible est à l'intelligible, ce que la copie est au modèle, mais aussi ce que l'hypothétique est à l'anhypothétique. Le tableau du Sophiste renoue les segments de La République dans un filet avec lequel il est dès lors possible de capturer ce personnage aux têtes multiples : « Lions-le (268 c). Le philosophe apparaîtrait donc désormais comme un pêcheur au filet sans qu'on soit absolument certain qu'il ne se soit pas pris dans son même sac, tant la capture au filet évoque le rire dont fit l'objet Héphaïstos, une fois qu'il eut lié ensemble Arès et Aphrodite déjà enlacés dans les bras l'un de l'autre. Le dialogue se terminerait alors après avoir parcouru, en extension, la polysémie du terme sumplokè : l'entrelacs textile, mais aussi la lutte, le rapport sexuel ou encore la combinaison des lettres pour former des mots, et des mots eux-mêmes pour former des propositions. Extension des faits à défaut d'une compréhension des concepts, en l'attente d'une topologie encore à venir.

Parce que les univers de discours sont aujourd'hui très cloisonnés, cette interprétation peut sembler, pour le moins, hétérodoxe. Mais pour qui lit les textes grecs, du point de vue de la pratique contemporaine de la conception assistée par ordinateur, la théorie des invariants par variation constitue l'articulation de ce qui peut aujourd'hui prétendre avoir valeur non seulement de vérité, mais également de productivité. Inventer des invariants toujours plus sophistiqués qui permettent de rendre compte, mais également de produire des variétés toujours plus diverses, voilà bien le pli que semble avoir pris la raison occidentale depuis Platon au moins.

Cette théorie des invariants a donc un noyau très ancien dont les deux parties „isométrie" et „proportion" ont été magnifiquement agencées par Euclide, peu après Platon. Ce noyau reste entièrement valide en dépit de ce que peuvent laisser penser des expressions malheureuses telles que „géométrie non-euclidienne", expression qui fait croire que les géométries sphérique et hyperbolique contredisent la géométrie euclidienne. À côté de ce noyau de base, nous pensons pouvoir trouver chez Platon des amorces d'une théorie générale des invariants. Mais nous ne prétendons certainement pas restituer la vérité historique de Platon. D'abord, parce que nous ne sommes pas historiens. Ensuite parce que le « platonisme » nous semble n'avoir besoin d'aucune aide extérieure pour se prêter de lui-même à des renversements bien plus radicaux que tous ceux qu'on a voulu lui infliger après coup ; toute interprétation supposerait qu'on se soit déjà plié à toutes les contorsions auxquelles nous invite le corpus des textes.

Mais surtout, parce que ce qui nous importe, c'est de trouver un autre rapport à l'histoire qui fasse fonctionner les textes anciens, en rapport avec les conditions actuelles de production du bâti, pour élaborer la théorie architecturale qui nous fait cruellement défaut.

[13] VOIR LUC BRISSON ET WALTER F. MEYERSTEIN, PUISSANCE ET LIMITES DE LA RAISON, LE PROBLÈME DES VALEURS, PARIS, LES BELLES LETTRES, 1995.
[14] OPPOSITION LONGTEMPS CONSERVÉE, PAR EXEMPLE PAR ALBERTI, QUI DISTINGUE LA PEINTURE, OBJET DE PERSPECTIVE ET L'ARCHITECTURE, OBJET DE PROPORTION. QUE LE PROJECTIF SOIT PENSÉ DANS LES CHOSES MÊMES RESTE UN ENJEU ACTUEL.

[1] SOCIAL STATUS AND ROLE OF THE ARCHITECTS IN THE HELLENIC AND AUGUSTAN PERIOD
[2] THE SQUARE HOUSE
[3] PIERRE GROS REMINDS HERE THE "CESAR PONTEM FECIT"

VITRUVIUS MACHINATOR TERMINATOR

BERNARD CACHE

Should we be surprised that a theory of architecture such as the De Architectura speaks highly of mechanics? Our days where the use of digitally controlled machines constantly increases in the building trade, where software are needed to link the components to the generation of machining programs, the relation between architecture and mechanics should be more than evident. It was however already the case in antiquity where the architect's position was as well represented as it is our days.

In an important article on the social status and the role of architects[1] Pierre Gros shows how "the roman architect was just a piece in the workings of complex and fluid organizations" leading to building construction. As a result the inscriptions and dedications of monuments rarely mentioned the name of the architect. The use of qualified professionals remained exclusive and there is no evidence of completed construction contracts. Therefore the Hellenic architects of the Dydimaion, succeeding to each other year after year, are officially responsible for the partial execution of an overall plan in which conception they had no part." In the case of La Maison Carrée[2] of Nîmes, one of the rarest Roman building left untouched, without any extensions or repairs, Pierre Gros reminds us that we do not know anything about the architect in spite of the analysis of the order. It reveals all the troubles he would have to affront organizing the work of three teams to the point where he questioned his role in the choice of ornaments. The same situation would have been even worse in Rome as the only responsible party was the financier who was qualified as an "auctor"[3]. Quite often the architects willing to build, were forced to adopt a strategy of redemptor "meaning he had to organize the funding and the technical needs to complete a project like a building contractor would do". Therefore it is not surprising that Vitruve feels the necessity for defining a science of architecture finally acknowledging the profession to the financiers. Furthermore the few texts speaking about architects only relate their amazing technical achievements, almost perceived as miracles. Consequently Tacite[4] reveals the talents of Severus and Celer who created the famous octagonal room with turning ceiling in the Domus Aurea. Pline the Elder praises Valerius d'Ostie[5] for his theatre cover of the Libon Games, and

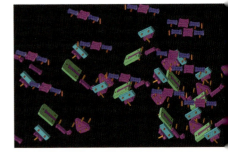

[4] TACITE, ANNALS, 15, 42, 1-2; CHECK THE TEXT AT STIERLIN???
[5] PLINE: HN,36,102
[6] PLINE: HN,36,95
[7] TO GIVE A SCALE OF SIZES JEAN SOUBIRAN EMPHASIZES THAT THE SHAFTS OF THE COLUMNS OF THE PARTHENON, OF ONLY 12, 5 METERS, BUT MADE OF EGYPTIAN GRANITE WEIGHTED 84 TONS.
[8] PLINE: HN,36,97

as does Vitruve, he shows his admiration of Chersiphron's solution[6] to transport the columns destined for the temple of Diane. This Cretin architect organized 127 stone shafts 18 meters long to transport them on the light soiled country roads[7]. In this context we understand the importance of lifting machines representing the beginning of civil mechanics in book X of De Architectura. Certain achievements in the tradition seem to belong to divine intervention: "the greatest difficulty experienced concerned the lintel he wanted to fit on the door. It was so heavy that it would not sit on its bed. The desperate engineer thought

of suicide. According to tradition, although tired and worried by his thoughts, he fell asleep and the goddess the temple was dedicated to, appeared and consoled him; she already put the stone in place. And this is what the people discovered the following day. It seemed that the weight moved to the right place by itself[8]". Therefore the antique architect is often more considered as an engineer or a "machinator". Vitruve himself made his career in the construction of war machines, which is what the second part of the book is about. As mentioned above the throwing machines were included in a very accurate theory of proportion; we discovered tables where each part was measured as a multiple of the original equation which gives the diameter of the hole, where the cable would go through and once draw back would throw projectiles.

The term machinator (the word machinatio representing the machine) is the perfect incarnation of the science of proportions and has the same meaning as the French word machination. Louis Caillebat clearly

explains this point in his introduction to the book X. The Latin machina such as the Greek mechanê come from the same indo-European root mahg which corresponds to a general notion of power still noticeable in German: macht or in English: might. The ancient Greek word mèchar refers to the ingenious way the antic period carries the strong idea of the machine subverting nature laws. And as a matter of fact the questions answered in a theory on mechanics are: "Why little strength will lift up some heavy weights using a lever?" or "Why does a two wheeled trolley carry loads easier than a four wheeled one?". So it is about knowing that the weakest can triumph over the strongest but will always be questioned whatever rational answers science can provide. What is revealed in the first chapter of Mechanica written by Pseudo-Aristote is that mechanics per definition stand against nature: "When nature needs to be countered, one feels perplexed facing the difficulty of the

[9] "EMBARRAS DE GENRE" PSEUDO-ARISTOTE, MECHANICA,PR.847A,13
[10] VITRUVE: X,3,5
[11] VITRUVE:I,5,8
[12] SEE FOR EXAMPLE THE LATER WORK OF ADOLPH LOOS

action, art is required. As a result we called méchanê the branch of art helping us in the difficulties of style[9]". The originality of De Natura Rerum devises the entire system of nature based on the smallest forces that we can imagine: the "clinamen": not even a real force but a simple deviation, an obliquity in the vertical rain of atoms, an accident which changes the concepts of all things. Vitruve borrows the metaphor from Lucrece of the vessel pilot, the helmsman "holding the rudder with expert pressure would with one hand change the axis of the massively loaded vessel[10]".

In the consequence of subversion introduced by mechanics within the law of nature the machinator is mechanic and stagehand at the same time and the Greek adjective mechanos represents the very sharp man, such as Ulysse polymetis the cunning one that the Greeks speak of as metis and whom authors already quoted such as Pierre Gros or Elisa Romano. They found the equivalent in the Latin sollertia, the ability, included by Vitruve in his ratio proportionis at the end of his definition of the knowledge of an architect. Everything will become unsteady as we progress into Vitruve's mechanics; the magnificent building of the proportion of mechanics will collapse and sink ... in the mud. Therefore we will examine how the first theory of european architecture will end in the most nauseous swamp.

The first point, one of the most innocuous, appears at the end of a chapter dedicated to the construction of ramparts in book I: "Concerning the walls we should not specify in advanced the materials used to raise it as we can not obtain every time the resources desired[11]". The architect tells us to take advantage of the singularity of a place in using what is at their disposal. Such common sense often appears as a motive in architectural writings[12] that sometimes bring authors such as Pline the Elder to be quite virulent towards the extra costs incurred by expensive imported materials. Consequently we will pass, but take into consideration, the interdiction of planning in general.

The second pony remains minor as well; in the book IX Vitruve introduces Ctesibius as the inventor of the water clock and pneumatic technology and describes the character in his father's barbershop in

[13] PROCLUS, COMMENT ON EUCLIDE'S ELEMENTS, PR.I: "THERE IS AS WELL THE SCIENCE CALLED MECHANICS WHICH INCLUDES PARTIALLY THE STUDY ON SENSITIVE AND MATERIALISTIC ELEMENTS. COME FROM IT THE SCIENCE OF MAKING WAR MACHINES, LIKE THE ONE OF ARCHIMEDES BUILT TO DEFEND SYRACUSE, AND AS WELL THE SCIENCE OF MAKING SURPRISING THINGS USING BREATH/PUFFS LIKE CTESIBIUS AND HERON, OR WEIGHTS BY THE OTHERS.
[14] TO CHECK IF THEY WOULD NOT BE SOME USEFUL EXAMPLES IN THE INTRODUCTION OF PHENOMENON BY GEMINOS
[15] LOUIS CALLEBAT: DE ARCHITECTURA X, P XXIII

Alexandria, building some clever installations: "... wanting to suspend a mirror in his father's shop which could go up and down by itself using a rope and a hidden weight..." The use of mechanics gives advantages to the weak over the strong, and suits perfectly in feats with amazing consequences, such as the creation of compressed air jets, the emission of musical tunes or trumpet sounds and the throwing of eggs or chippings. The antique machine was used to make the gods appear on the theatre stage –deus ex machina- and Vitruve is probably one of the only ones to use mechanics[13] to explain natural phenomenons instead of thickening mysteries or making them disappear in the smoke[14].

Vitruve's utilitarism and rationalism will then take place in the third point. We have almost reached the end of the theory, book X. After explaining the principles of mechanics he went through the main components of the civil mechanics starting with lifting machines for heavy weights: pulley, winch, lever, rudder ...etc and then with the equipment to elevate water such as the watermill, that the Romans knew about but disregarded, and the sophisticated the force pump mechanism of Ctesibius. He also mentions the "hydrauliques orgues" giving a better explanation on their mechanism than Heron of Alexandria written a century later. Consequently the book X, the unique Latin theory on mechanics, shows as the most qualified experts agree, "a perfect understanding of the subject[15]". Our architect was particularly competent with military technology. His knowledge is obviously divided in two parts: offensive and defensive. The offensive machines consist mainly of catapults and the siege-train: battering ram and tortoise. Before evoking the art of defense Vitruve has this remark that attracted our attention in the first place: "The information I am giving is not suitable for every situation or should not been followed identically as the fortifications and the fighting qualities of a population differ from one to the other. In reality we must think of certain mechanisms for daring and rash people and others for vigilant and fearful people."

Therefore the information should not be used identically. It is not due to the physical peculiarity of an area but to the fighting skills of the people. The two different types of people Vitruve distinguishes, daring and rash, vigilant and fearful, correspond exactly to the two principles

[16] SIMILAR TO THE TURNING CEILING OF THE DOMUS AUREA AND TO THE BALL BEARING TURNING PLATFORM FOUND ON ONE OF THE GALLEY OF NEMI POINTED OUT BY LOUIS CALLEBAT
[17] PROBABLY A BATTERING RAM

andreia and sophrosunê, courage and prudence, ranked as the art of politics. Plato used architecture to define mechanics, the royal science superior to any other technique. Vitruve himself can not describe the defensive methods: "not because enemies will plan their own assault from our writings but because their machines will quite often been destroyed without the intervention of any machines only by improvisation due to the cleverness and swiftness of a plan". Consequently the machines –MACHINATIONES- will be destroyed without machines –SINE MACHINIS- only with ability –SOLLERTIA-.

The principle of De Architectura, the whole system of proportions, is here endangered and will experience a fourfold historical failure as the last part accounts for four sieges of cities, written by Vitruve in a very different style than the common literary type of the historians of the period.

The first one is the siege of the city Rhodes and Vitruve starts the story with the disgrace of the architect Diognete. He was extremely renowned in Rhodes until an unknown man called Callias arrived with a model of a new machine[16], built on a turning platform capable of grabbing any war machines, lifting and placing them on the other side of the town walls, inside the city. At the site of this invention the amazed people of Rhodes withdrew Diognete's grant and gave it to Callias. But one day Demetrios Poliorcete came to siege the city; he was accompanied by a famous architect from Athens called Epimachos who built an extraordinary machine in front of the city's ramparts, the hélépole: "the town taker[17]". Ordered to use his invention Callias decides instead to declare forfeit. Here Vitruve explains that the same principles (rationis) will not necesseraly work on a different scale. This phenomenon that already preoccupied Philon, threaten the double system of proportions and the representation mentioned in the definition of architecture. The first two aspects ichnographia and orthographia were based on the possibility of scale representation.

At the end of book VI Vitruve stated that the choice of materials depends on the financers, that the execution of the project is the responsibility of the craftsman and that the architect's glory consists in "the seduc-

[18] DE ARCHITECTURA, BOOK X PREFACE
[19] THIS WORD DESCRIBES A MUSIC INSTRUMENT WITH STRINGS AND AS WELL A THROWING MACHINE WORKING WITH MOVING ROPES
[20] TWO-HANDED HAMMER- MASSETTES

tion created by proportions and physical relations". However Vitruve will question this exclusive skill advising his colleagues to listen to the craftsmen and the laymen. Everyone and not only the architects can recognize what is good but the differences between laymen and architects is represented in the knowledge that laymen do not have, but can reach from witnessing the construction, instead of the architect who as a precise vision of the elegance, the function and the aesthetic of a building even before starting the construction". As a result we understand at the end of book X that the architect is not only the one who conceives an anticipated representation of modular relations but as well the only one able to determine the validity of this representation.

Going back to Rhodes, where the population was fearful of the impending destruction of the city and the possible slavery everyone pleaded Diognete to come back. Similarly to Achilles he was blinded by his anger and refused to help. Then at the sight of the procession of children and priests Diognete let himself be convinced and organized the following stratagem: "we will make a hole in the ramparts towards the extraordinary machine and we will pour through this orifice everything that we can find during the night like water, excrements and mud." The next day, early in the morning, the "town taker", as it was approaching, ended up sucked down into the quagmire without even reaching the wall. And Demetrios had no choice but to leave with his fleet. "Delivered from the war by the cleverness of Diognete the people of Rhodes thanked him in public...".

For a subject that Vitruve described as devoid of intrigue[18] the roman architect was a man of talent. And three other sieges are still left to be told; the one of Chios that Vitruve kept brief: threatened by enemy war vessels fitted out with sambusques[19] the people stranded the fleet by dumping dirt, sand and rocks in a submerged heap the previous night. Riddled with inflamed bulrushes[20] the ships were engulfed in the flames. The siege of Apollonie comes next with another story about an architect. The assailants dug tunnels and could appear at any time in the city. A certain Tryphon, "an Alexandrian architect who happened to be there", witnessing the panic, got the idea of digging more tunnels where he suspended bronze vases. In the example of the

[21] LOUIS CAILLEBAT: DE ARCHITECTURA X P288
[22] WAR MACHINE BUILT ON TROLLEYS TO THROW HEAVY PROJECTILES

use of echeia recommended by Vitruve in theatres, the resonance of the metal tools used by the assailant miners permitted them to locate in which direction they were digging. This detection technique was

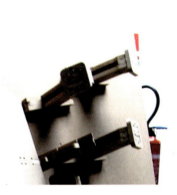

mentioned by Herodote in the siege of Barse by Amasis the Persian in 520 BC and remained in use until the Byzantine period[21]. Once the enemy tunnels have been located "Triphon placed at head height some bronze containers filled up with boiling water, pitch, human excrements and hot burnt sand. Then at night he ordered for holes to be pierced so that the contents would pour out and killed every single assailant in the galleries. Finally the last siege, the siege of Marseille, was also surrounded by enemy galleries. The people of Marseilles deepened the moat to a lower level than the one of the galleries. Then filled up with water from the wells and the port "this violent flood came in and pushed the pit props away; all the men inside died crushed by the mass of water and the mines collapsing". However the story does not end here. The enemy renewed their attack by building some wooden terraces by the ramparts eventually set on fire by the "Marseillais" using balistes[22] to throw incandescent metal bar. Finally a tortoise battering ram came closer; the Marseillais lassoed it and "with a capstan and the circular drive of a drum they kept the head away from the wall. They eventually destroyed the whole machine using inflamed bulrushes and balistes."

[23] X,16,12
[24] THE DE ARCHITECTURA CONSERVED ITS INAUGURAL QUALITY: FIRST ANTIC THEORY OF ARCHITECTURE, OF GNOMONIC, OF LATIN MECHANIC. IT SHOULD BE READ INCEPTIVELY
[25] I, PREF. 2

And Vitruve concludes by saying: "These victorious cities free themselves without any use of machines only with the cleverness of the architect against technical devices[23]." It is even clearer in Latin: "Ita eae victoriae ciuitatum NON MACHINIS, SED CONTRA MACHINARUM RATIONEM, architectorum SOLLERTIA sunt liberatae."

In the context of the structure and the articulation of the art of defense, De Architectura deserves all our attention. In the antic period, such as today, one does not start or end a message with impunity. The beginning or the end of an act of interaction is always a part of a protocol. We can list out three systems as fundamentals of De Architectura[24]: the paragraph I,1,1 with the two principles of the discipline of architecture, proportion and sollertia, the ten prefaces bringing it back to the demand of "scientificity" and finally the inaugural building, the Tower of Winds, which includes the three components of architecture: aedificatio, gnomonica, machinatio. In the entire fist preface Vitruve addresses the Emperor Auguste and concludes by mentioning their relationship. He recalls his loyal services in "providing and maintaining the balistes, scorpions and other throwing machines[25]", and gratefully received a grant that was renewed under the advice of Octavia the emperor's sister. However even though he was ruled by Auguste Vitruve mentions Cesar a lot, and at the end of book X, suggests that Cesar lost the siege of Marseilles: "These cities free themselves..." Is Vitruve then concluding in/by mentioning the defeat of Auguste's predecessor?

As already mentioned the accounting of a siege was a literary style of its own, based on traditional examples from historians, and providing various tactics for poliorcetic theories. Vitruve is of course a part of this tradition but to emphasize the originality of his "art of defense" we will distinguish two relevant points. The first one is the relation between the author's stories and the historical facts; the second one is about the nature of violence and the mythic behavior.

The island of Rhodes was famous for its intellectual power and Vitruve always admired it for being "a land of knowledge". Furthermore Posidonius and Geminos, the closest scientific authors of Vitruve, lived in the

[26] GELL., N.A. 15,31,1 [ABSCONDED INFORMATION IN CALLEBAT X, P282]
[27] DIODORE OF SICILY, BIBLIOTHEQUE HISTORIQUE, XX
[28] ATHENA, MECHANICA, 27,1

island and also gave classes to students, such as Ciceron or Pompee who left Alexandria once Rhodes became the supreme city of scientific knowledge. Hipparque also led his observations on astronomy from there and the island is now at the centre of his earth calculations.

However Rhodes sadly got invaded in 304 BC by Demetrios "whose nickname became Poliorcetes, the city taker, due to his methodic ability in the leading of a siege and his talent for inventing efficient machines...[26]". This famous siege represents the peak of the poliorcetique. Demetrios used the whole range of his machines that just started to be adapted by the Greek world after their introduction in Syracuse a century earlier by Denys the Elder. However the Romans will show little technical progress concerning machines. In spite of Demetrios' infamy he didn't take the town and the siege ended up in a friendly agreement with the people of Rhodes, marking the boundary of the advantage given by machines. However Vitruve's account does not correspond to his contemporary Diodore of Sicily. He describes a helepole, which is a mobile tower design for a siege, "higher than any of the one ever built before[27]". The base of the tower was designed to shelter the soldiers operating it and the swiveled wheels could turn. Three of the side walls were covered of metal leaves to protect from fire and each level had openings to throw missiles from. However in Diodore's version the people of Rhodes did not triumph from the mud sinking of the machine but by setting it on fire. On a night with no moon the besieged used their multiple catapults and flooded the helepole with fire: 800 inflamed shots and 1500 stones if we believe Demetrios's count on the following day. Under this rain of projectiles few metal plates fell off and the wood blazed up. The water tank provided in case of fire was not big enough and the helepole had to retreat. However the siege did not end there but after an agreement from Ptolemee, derived out of exhaustion.

Except the few lines from Vitruve we know almost nothing about the architects of Rhodes: Diognete, Callas of Aratos or Epimachos. Epimachos appeared in Athenee's accountings of the siege of Rhodes but all the others are not more than ghost characters such as this Tryphon of Alexandria present at the siege of Apollonia that we can not localize. The story of the siege of Chios is too succinct to even mention

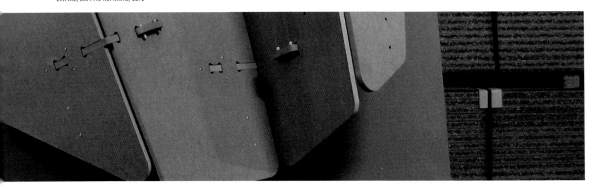

[29] MICHEL CLERC: MASSALIA, STORY OF MARSEILLES FROM ITS ORIGIN TO THE END OF THE OCCIDENTAL ROMAN EMPIRE, LAFFITE REPRINTS, 1971

an architect and from Athenee's work[28] we are uncertain about the veracity of the facts Vitruve speaks about; it is more likely that the siege was directed by Philippe V in 201 BC (the third one quoted by Vitruve) who initiated also the siege against Appolonia of Illyrie in 214 BC.

Concerning the siege of Marseille no architects are mentioned. We tried to keep the impersonal style in Latin chosen by Vitruve which differs dramatically to the previous accounting of Rhodes. The case of Marseille remains quite strange due to the lack of historical precision. The choice of passive terms such as "oppugnaretur" and the use of the third person plural like "implueront" to represent the people of the city remain extremely elliptical. Yet the siege of Marseille definitely happened and was lead by the roman army in 49 BC at the time of the service of a certain military architect named Vitrivius. He received, such as Diognete the ingenious, a pension for his good and loyal services granted by Cesar, the general of the assault on Marseille, and then extended on Octavie the sister of the emperor Auguste's advise. Therefore the detached tone of Vitruve in this accounting could simply come from the resentment of not having been involved.

The volumes of the annals of Tite-Live, related to this period, though now lost we only have at our disposal three reports of the siege of Marseille excluding the elliptic one of Vitruve. The first one is from its main character, Cesar himself, that he includes in his Bellum Civile, and the two others come from the historian Dion Cassius and the poet Lucain. However they are all quite different from each other and even an historian like Michel Clerc[29] had trouble to see the overall picture. The city of Marseille shares with Rhodes the desire of keeping their neutrality in front of a powerful army forcing them to ally with. In the case of Rhodes, Antigonos, father of Demetrios, wanted the island to join him in his battle against Ptolemy. And Cesar expected Marseille to follow him to fight the legions of Pompee located in Spain. Concerning Vitruve's statement we can only make hypotheses as he does not elaborate; furthermore the siege of Marseille, unlike Rhodes did not result in any agreement and its defeat caused the loss of independence

[30] TO NOTE THAT TREBONIUS BECAME ONE OF THE CONSPIRATORS WHO JOINED BRUTUS TO STAB CESAR IN -4
[31] DE BELLUM CIVILE, II,15,2
[32] DE BELLUM CIVILE, II,9

of the last free Greek city of the roman empire. Consequently Vitruve's events do not correspond with the historical facts.

Cesar oriented his strategy around the taking of the tallest part of the fortification where it would be easier for the assailants to invade the city. In front of this part of the fortification was a hill where Cesar set his private camp. The key of the siege lied in the making of a viaduct that would allow a tower of siege to cross the gap between the hill and the walls. Account's vary though the Romans tried, as well as the viaduct strategy, to invade via sea and via the lowest part of the fortification, to the right and the left of the Carmes Hill. However the determination of the people of Marseilles helped by their war machines stopped these two attempts. Cesar decided then to continue on his way to Spain and let his second, Caius Trebonius future emperor and magistrate of the Plebe[30], to manage the operation and to build the viaduct. Michel Clerc believes that the first viaduct got set on fire before Cesar even left for Spain and that a second was built between two walls of bricks due to the lack of wood[31]; we believe that Cesar did not mention the first attempt to conceal his failure. In spite of the Roman's struggle on the ground they triumphed twice in sea against the Marseille people using their usual method which consisted in hailing the vessels and fighting on the pontoon bridge. These two naval defeats explain why Marseille is trying so hard to protect their pride. Then Cesar gave a long detailed description of the making of a brick tower and a long gallerie for protection which he called musculus[32]. The projectiles in flame thrown by the Marseillais could stop neither the musculus or the brick tower and they had to leave the high part of the city to the Romans. Then probably came the episode of the tortoise battering ram suspended by a rope described by Vitruve and Lucain however Cesar does not mention it. And concerning the flooded mines Vitruve is the only one to report it. If it had happened it would have taken place on the side of the low city, not on the strategic spot of the high city. At this stage the marseillais asked for a truce while Cesar was expected to return. Once accepted they came out of the city and set on fire the frame of the second viaduct; but it took no time for the Romans to rebuilt it in brick which lead to the capitulation of disheartened and starved Marseillais. Cesar was then back from Spain, became dictator and withdrew the freedom and

[33] TO SPECIFY THE IMPORTANCE OF HANGING PUNISHMENT IN THE ROMAN'S WORLD
[34] DE ARCHITECTURA, I, DEDICATION TO THE EMPEROR
[35] NOT THROUGH MACHINES, BUT E THROUGH THE ABILITY OF ARCHITECTS
[36] II,76,4
[37] HANKS TO THE IMPROVISATION, INGENUITY AND RAPIDITY OF A PLAN : EX TEMPORE SOLLERTIA CONSILIORUM, QUALITIES OF THE ARCHITECT HIMSELF

the colonies from Marseille.

So as a result Cesar won! In consequence how Vitruve could have concluded his story on the tortoise battering ram of the Marseillais suspended in the air like a criminal hanged by the neck[33]? Have we ever seen an author's work ending on such pejorative terms presenting the defeat of the Roman's army which is a complete lie even though Cesar experienced one attack. Are we reminding the emperor Auguste whose "undefeated courage annihilate all his enemies[34]" that his renowned predecessor could have lost? Lets put on the side the social relationship to come back to the core. Is not the tortoise suspended in the air lassoed then moved by a circular drive of a drum with a capstan/windlass? Was not there a machine on the other side of the lasso? And is not it a defensive machine? And then has not this machine been created in advance like the one of Callas to fight back an offensive machine?

" ...non machinis, sed ... architectorum sollertia[35]"? We are in pure fiction, based on true historical events but completely misappropriated. Out of the four descriptions of the siege of Marseille the one of Vitruve is the most differing. The suspension of a tortoise battering ram to a lasso was a real defensive method used for example by Thucydide[36] II,76,4 during the siege of Platee in 429 BC, however in the case of Marseille the use of this machine had light consequences on the use of brick in the viaduct construction, the tower and the musculus. We do not have any precise information on the actual participation of Vitruve in the siege of Marseille nevertheless the magistrate Caius Trebonius showed real military genius, building as well a second terrace "of a new style as we ever saw before." so quickly[37] that he discouraged the people of Marseille. How to not be jalous when you are a military engineer yourself or feel resentment like Diognete the pensioner experienced towards Callias the unknown man? Furthermore Vitruve does not show any enthusiasm in the book II towards the use of brick which represents the major technical progress in this siege.

Despite this incoherence Vitruve is teaching us on the art of defense. His initial statement on the unnecessary planning of anticipated strategies contrasts with the constancy of the methods followed in the four sieges, such as the sinking. In general the treaties of poliorcetique have always covered the offensive techniques rather than the defensive, however the book XXXII of the treaty of poliorcetique of Enee the tactician, written around 355 BC, is full of examples of antimêchanê- mata from the digging of mines collapsing as towers go through, to the smoke bombs or bees found in galleries. Apart from the resonant vases to locate enemy galleries and the lasso to lift up battering rams Vitruve does not provide defensive techniques other than the unique mud sinking strategy that does not appear in the most accurate work of research[38].

Sine machinis, sed cum machinae. Without machines but with machination. In the Greco-roman antiquity where civilization is renowned to not be very technical it is almost mythical to claim that the machines are not needed. Even with Vitruve the machine is represented as a danger that could affect the social order and the true virile values. Nicole Loreaux has perfectly shown how the young democracy of Athenes was proud to not have any professional soldiers. Its strength came from the moral values of the people and Plato in a lot of his diatribes against the navy, expressed his opposition to the specially trained rowers and sailors troops. "Civis murus erat" remains the military ideal in Antiquity which will however be threaten by the duo machine/machination.

When reviewing the four accountings made by Vitruve the siege of Marseille obviously differs from the three others by the terraces and lasso episode, the counter attack. Before X,16,2 precisely , we are in a complete sine machine like in the three other sieges and if we omit the terraces and lasso episode the four stories would correspond perfectly to the norms of the traditional antic battles. Since the VIII century wars in Greece ceased to be decided solely by the courage and disproportion of individuals in the unfolding battle. The double handled shield's invention, an expensive weapon affordable only by the land owners, is one of the factors which helped in the formation of the citizens in battle, side by side, indistinct and the war virtue consists in maintaining the order. The greeks have even a term for it, stoicheia: soldiers in battle order or: the Elements named by Euclide. The funeral orations of the killed soldiers on the battle field were then celebrated per tribe and not individually. The battle would take place during the day and each division

---

[38] E.G.: YVES GARLAN, RESEARCH ON GREEK POLIORCETIQUE, 1974

[39] FOR EXAMPLE, DEMOSTHENE, THIRD PHILIPPIQUE, IX, 47-50: "CAN WE NOT SEE HOW THINGS HAVE PROGRESSED, HOW THE PRESENT DIFFERS A LOT FROM THE PAST AND THAT THE MOST PROGRESS AND CHANGES ARE FOUND IN THE WARS? THE LACEDEMOMIENS SUCH AS ANY OTHER GREEK WOULD INVADE A COUNTRY ONLY FOR 4 OR 5 MONTHS, DURING SUMMER AND AFTER HAVING DEVASTATED IT WITH THEIR HOPLITES (HEAVILY ARMED SOLDIERS) WOULD LEAVE AND GO HOME. FURTHERMORE THEY WERE SO IN TOUCH WITH TRADITIONS OR THE CIVIC SPIRIT THAT THEY WOULD BUY NO ONE'S SERVICES. HOWEVER THE TRAITORS HAVE ALMOST RUINED EVERYTHING. FOR EXAMPLE PHILIPPE'S VICTORIES WERE NOT CAUSED BY PHALANX OF HOPLITES BUT BY LIGHT TROOPS, CAVALRY, ARCHERS AND MERCENARIES FOLLOWING HIM EVERYWHERE. AND WHEN HE MET A POPULATION AFRAID OF FIGHTING STAYING BEHIND THEIR FORTIFICATION INSTEAD OF DEFENDING THEIR NATION, SUSPICIOUS, HE WOULD RAISE HIS MACHINES AND INVADE THE CITY. AND OBVIOUSLY HE WOULD MAKE NO DIFFERENCE BETWEEN WINTER AND SUMMER AS THERE IS FOR HIM NO SPECIFIC SEASON TO SUSPEND INVASIONS." THE IDEALIZATION OF THE SPARTIATE HOPLITES IS THAT THEY WOULD DEDICATE THEMSELVES TO THEIR TRAINING AND TO WARS WHILE THE SERFS WOULD BE IN CHARGE OF THE AGRICULTURE, IN CONTRADICTION WITH THE OTHER GREEK POPULATION WHERE MOST OF THE SOLDIERS WERE FARMERS AND CONSEQUENTLY COULD NOT SPEND ENTIRE SEASONS FIGHTING.
[40] THE NATIONAL PHOCIDIEN LEGEND, ARTEMIS, EXTREME SITUATIONS AND ACCOUNTINGS OF ANNIHILATION WARS, IN BULLETIN DE CORRESPONDENCE HELLENIQUE, SUPPLEMENT XXVII, 1993

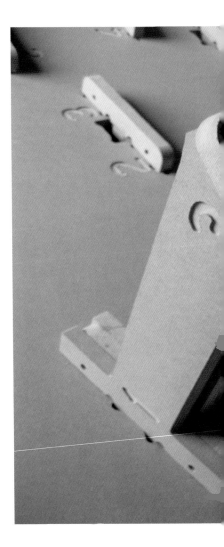

of the army would respectively fight each other: infantrymen will fight against infantrymen, cavalry against cavalry...etc. Consequently the use of catapults affects dramatically the ethic of battle.

Several texts[39] affirm that the respect of this moral was used to evaluate the military behaviour even in the Roman Empire. Over armament by the use of catapult was considered as a victory with no glory due to its absence of rank discipline and for the danger of technologic escalation on either side. On the other hand an attack at night using ruse appears as a dangerous regression for the barbarism involved.

The four vitruvien stories keep on opposing these two tendencies: over armament against under armament. Here is the sequence of events: a city is threatened by an over armed enemy. Desperate the population decides to resort to a rused stratagem. At night through holes made in the ramparts they poured a considerable volume of boiling water, pitch, burning burnt sand, mud and human excrements in which the enemy machine would sink. Therefore these are what triumphed of the machine. This is one of the reasons why Chersiphron invented a method to not sink, being elevated and transported on shafts, to the temple of Ephese, known to be built on swampy ground. However the four accountings do not leave any way out for the machine; we are in complete regression.

Is Vitruve insinuating that the war annihilation could be part of a myth, such as Pierre Ellinger emphasized in his magnificent work: Mud and plasters[40]. Without going into detail we will state the two major accountings that represent this overtaking of the war. Starting with the over armament the phocidiens infantrymen retired on the Parnasse in front of the outnumbered thessalien cavalry. Their despair is such that they were about to sacrifice women and children if defeated. But their diviner Tellias thought of a stratagem which consisted in covering the bodies with plaster, attacking at night during full moon and killing anyone not whiten. As a result they compted 4000 shielded infantrymen killed. To fight the cavalry they buried empty amphoras in a narrow ditch where the horses broke their legs. Then Pierre Ellinger explains how the plaster was an adornment made to counter the over armament

[41] PAUSANIAS,VI,22,8
[42] TWO VERSIONS OF THIS STRATAGEM ANALYZED BY ELLINGER COME FROM PLUTARQUE AND PAUSANIAS FROM THE 1ST AND 2ND CENTURY AFTER BC, SO AFTER VITRUVE'S TIME, THE THIRD BEING FROM HERODOTE. THE MYTH OF ALPHÉE COMES ALSO FROM PAUSANIAS.
[43] WE SHOULD WONDER IF VITRUVE'S DISCREDITING OF THE USE OF BRICK, IN OPPOSITION TO THE OPUS QUADRATUM, WOULD NOT BE SIMILAR TO THE OPPOSITION OF MUD TO STONE AND INVERSELY STONE TO PLASTER, REPRESENTED ON CERTAIN PAINTINGS IN POMPEE DESCRIBED BY VITRUVE . FROM NATHALIE DESROSIERS START READING HN,VII
[44] II,2,2

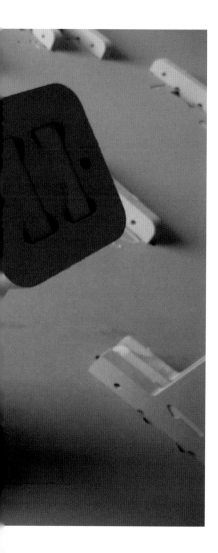

of the over numbered Thessaliens. An other account speaks about the misfortune of Alphée who fell in love with Artemis; "when Alphée understood that he would not marry her through persuasions or prayers he decided to take her against her will and turned up to a party hosted at night by Artemis and her playmates the Nymphs. However Artemis suspecting the conspiracy covered herself and the Nymphs with mud (pêlos). When Alphée arrived he could not recognized Artemis and left without attempting[41]". Therefore defenceless, Artemis foiled the conspiracy by covering herself with mud. Here Ellinger uses the analysis of Jean Pierre Vernant to link the accountings of the plaster and the mud and to compare them to the main institutions of the time: marriage for woman, war for man, the rape being at a personal level and the war of annihilation at a collective level. To link the myth of Alphée to the Phocidien accounting Pierre Ellinger uses also a serie of texts which one of them is from the direct successor of Vitruve, Pline the older. The Roman encyclopedist consecrates two chapters of his Histoire Naturelle to the behaviour of the mongoose which covers itself with mud before attacking the aspic viper armed with its dangerous fangs.

As a result Pierre Ellinger shows that the use of plaster and mud still appears in the Roman ethnographic context, long after Vitruve's death[42] who does not mention this myth[43]. On the other hand we ask ourselves if these four accountings represent for the Roman what the nuclear war is for us, in other words a confrontation made of the smallest physical elements ever known. With earth, water and fire only the fetid air is missing ton represent the fundamental elements of the antique physics since Empedocle. "Everything seems to have been formed and made out of the meeting of these elements that nature broke up in numerous variations. Consequently I thought it would be effective to treat these variations per variety and qualities to allow the appropriate choice of material for specific constructions[44]." Vitruve destroys at the end of book X the genesis of architecture, which is the principal reason of book II, by analyzing the composition of building material using the four elements of physics: earth, air, water, fire. Consequently the book X ends up on an anti genesis in an anti preface concluded with the minor counter-attack of Cesar.

MACHINATIONS VITRUVIENNES

Vitruve annonce dès le début de son Traité que l'architecture comprend trois parties : aedificatio, gnomonica et mechanica. Et de fait, cette définition s'incarne aussitôt dans le premier des édifices mentionné dans De Architectura, à savoir la Tour des Vents, construite à Athènes dans les années 80 avant notre ère. En effet, cet édifice octogonal qui supporte un cadran solaire sur chacune de ses huit façades abritait une horloge anaphorique délivrant des informations astronomiques en même temps que l'heure. Enfin, l'ingénieur romain qui consacra l'essentiel de sa carrière à construire des machines de guerres, termine le De Architectura par un livre entièrement dédié aux machines.

Doit-on s'étonner qu'un traité d'architecture fasse la part aussi belle à la mécanique ? De notre temps où l'industrie du bâtiment recourt chaque jour davantage aux machines à commandes numériques, où les logiciels lient intimement la conception des composants à la génération de leurs programmes d'usinage, le lien de l'architecture et de la mécanique devrait sembler tout ce qu'il y a de plus normal. Et d'une certaine façon, c'était déjà le cas dans l'antiquité où la position de l'architecte n'était pas mieux assurée qu'elle ne l'est aujourd'hui.

Dans son article très important sur le Statut social et le rôle des architectes[1], Pierre Gros a montré à quel point « l'architecte romain n'était que l'un des rouages ... d'organisations complexes et très fluides » qui concourait à la production du bâti. Les inscriptions et les dédicaces des monuments ne mentionnent que très rarement le nom de l'architecte. Le recours à des professionnels reste exceptionnel et encore ne connaît-on pas de contrat général passé pour une construction complète. « Ainsi les architectes hellénistiques du Dydimaion, qui se succèdent d'année en année, ne sont responsables que de l'exécution très partielle d'un plan d'ensemble dans la conception duquel ils n'ont aucune part ». Considérant le cas de la Maison Carrée de Nîmes qui est un des très rares édifices romains à nous être parvenu tel qu'il fut conçu initialement, sans réfections, ni adjonctions, Pierre Gros rappelle que non seulement on ignore tout de son architecte mais qu'en outre l'analyse des composantes de l'ordre révèle toutes les difficultés qu'a pu avoir celui-ci à organiser le travail d'au moins trois équipes différentes pour les seuls chapiteaux, au point de douter de sa responsabilité réelle dans le choix des ornamenta. A Rome même la situation aurait été pire encore où le responsable en dernière instance n'était autre que le commanditaire, qualifié lui-même d'auctor[2]. Très souvent les architectes, désireux de construire, se seraient vus contraints d'adopter une stratégie de redemptor, « c'est-à-dire qu'il dispose lui-même des moyens financiers et techniques de mener à bien ses entreprises édilitaires, qu'il soit donc en même temps entrepreneur de travaux publics... ». Dans cette situation, on ne voit rien de très étonnant à ce que Vitruve s'attache à définir une science de l'architecture qui valorise le rôle de cette profession auprès des commanditaires. Rien de très étonnant non plus à ce que les textes qui nous transmettent le nom de tel ou tel architecte, le fasse à propos d'exploits techniques, qui relèvent parfois du miraculum. Ainsi, Tacite[3] nous rapporte les noms de Severus et Celer qui réalisèrent la fameuse salle octogonale au plafond tournant de la Domus Aurea. Pline l'Ancien salue Valerius d'Ostie[4] pour sa couverture d'un théâtre à l'occasion des Jeux de Libon et, tout comme Vitruve, le même Pline se montre admiratif de la solution adoptée par Chersiphron[5] pour le transport des colonnes du temple de Diane. Il faut en effet rappeler que cet architecte crétois s'est vu devoir véhiculer 127 fûts de 18 mètres de long en pierre, sur des routes de campagne, au sol meuble[6] !!! Dans ces conditions, l'on comprend toute l'importance des machines de levage qui font l'objet du début de la mécanique civile au livre X du De Architectura. On comprend également que certains exploits aient pu prendre dans la tradition le caractère d'interventions divines : « La plus grande difficulté qu'il rencontra concerna le linteau même qu'il voulait faire reposer sur la porte. La masse en était, en effet, très grande et ne reposait pas sur son assise. L'ingénieur désespéré pensa à se suicider. Selon la tradition, alors que, fatigué et occupé par ces pensées, il prenait un repos nocturne, la déesse à qui était destiné le temple se présenta à lui et l'exhorta à vivre : elle avait mis la pierre en place. C'est en effet ce qu'on pu voir le lendemain. semblait que le propre poids du bloc lui eût fait prendre la bonne place.[7] » L'architecte antique prend ainsi souvent la figure d'un ingénieur ou d'un machinator, Vitruve lui-même n'a-t-il pas fait carrière dans la construction de machines de guerre auxquelles est consacrée la deuxième partie du livre X. Et parmi celles-ci, nous avons souligné à quel point les machines de jet prenaient valeur d'exemple dans une théorie opérationnelle des proportions puisque l'on a retrouvé des tables où toutes les parties étaient dimensionnées comme des multiples d'un module de base qu'est le diamètre du trou par lequel passaient les faisceaux de fibres.

Mais le terme machinator n'est pas sans équivoque et le même mot machinatio qui désigne la machine, incarnation par excellence de la science des proportions, supporte également toutes les valeurs véhiculées en français par le mot machination. Louis Callebat le rappelle clairement dans son introduction au livre X. Le latin machina tout comme le grec mechanè proviennent du même radical indo-européen mahg qui correspond à une notion très général du pouvoir qui transparaît encore dans l'allemand: macht, ou l'anglais: might. Il existe un vieux mot grec mèchar pour désigner des moyens ingénieux, lequel traduit, dans l'antiquité, une perception très forte de ce que la machine subvertit les rapports de force naturel. Et, en effet, les questions auxquelles répond un traité de mécanique sont du type : „Pourquoi de petites forces meuvent de grandes charges avec l'aide d'un levier ?", ou encore : „Pourquoi le chariot à deux roues porte-t-il les fardeaux plus aisément que chariot à quatre roues ?". Bref, il s'agit de savoir comment plus faible peut triompher du plus fort, et ce renversement conservera toujours le caractère d'une subversion, quelles qu'en soient les explications rationnelles fournis par la science. La mécanique est fondamentalement contre-nature, c'est ce qui ressort dès le premier chapitre du Mechanica du Pseudo-Ar tote : « Lorsque, par suite, nous avons affaire à quelque chose à l'encontre de la nature, la difficulté nous rend perplexes, et nous avons besoin de l'art. C'est pourquoi nous appelons mé-chanè la branche de l'art qui nous aide dans les embarras de genre.[8] ». Et c'est toute l'originalité du De Natura Rerum que de parvenir à échafauder le système entier de la nature sur la base de la plus petite des forces qu'on puisse imaginer, pas même une force si vrai dire, mais une simple déviation, une obliquité dans la pluie verticale des atomes, un accident qui donne forme à toutes choses. D'où la métaphore du pilote de navire que Vitruve reprendra de Lucrèce, ce timonier qui « tenant le gouvernail, ε, au moyen de pression expertes, d'une seule main, par impulsion autour de l'axe, fait virer ce navire chargé d'un poids considérable ou même énorme de marchandises et de vivres.[9] »

En conséquence de la subversion qu'introduit la mécanique au sein des rapports de force naturel, le machinator sera à la fois mécanicien et machinateur, et l'adjectif grec mechanos désignera l'homme plein d'astuces, tel Ulysse polymetis, c'est-à-dire plein de ruse que les hellènes disent metis et dont nous avons déjà signalé que des auteurs comme Pierre Gros ou Elisa Romano voyait l'équivalent dans le latin sollertia, "habileté, que Vitruve place en face de la ratio proportionis à la fin de sa définition du savoir de l'architecte. Et de fait, à mesure que nous progressons dans la mécanique vitruvienne, tout se met à vaciller. Le bel édifice des proportions mécaniques va s'effondrer et s'enfoncer … dans la boue. Examinons donc dans le détail comment le Traité d'architecture de la tradition européenne s'achève dans les marécages les plus nauséabonds.

Le premier signe est des plus anodins et survient en fin de chapitre dédié à la construction des remparts au livre I : « Quant au mur lui-même, on ne doit pas définir d'avance les matériaux avec lesquels il sera élevé et terminé parce que nous ne pouvons avoir en tous lieu les ressources que nous souhaitons.[10] ». En soi, rien de très inquiétant. L'architecte nous dit qu'il faut tenir compte de la singularité du lieu et utiliser les matériaux qui y sont à disposition. Règle élémentaire de bon sens, voire même, leitmotiv des écrits sur l'architecture qui peut parfois prendre un tour un peu grincheux chez des auteurs comme Pline l'Ancien qui n'aura de cesse que de fustiger les dépenses occasionnées par le transport des matériaux pondéreux en provenance de l'étranger. Nous passons donc, en retenant toutefois, dans le domaine des fortifications, l'interdiction qui nous est faite « de définir à l'avance », bref de projeter de manière générale.

La deuxième alerte est encore bénigne. Lorsqu'au livre IX Vitruve nous présente Ctésibius comme l'inventeur non seulement des horloges à eau mais aussi de la pneumatique, il nous campe le personnage, dans l'atelier de son père barbier à Alexandrie, et prenant plaisir à ingénieux travaux : « C'est ainsi que, voulant suspendre dans la boutique de son père un miroir qui, lorsqu'on désirerait le faire descendre et remonter au plafond, remontât de lui-même au moyen d'une corde, grâce à un poids dissimuléε ». C'est que la mécanique[12], déjà étonnante par elle-même dans l'avantage qu'elle donne au faible sur le fort, se prête par excellence à la confection d'artifices produisant toute sorte d'effets merveilleux tels la production de jets d'air comprimé, à l'émission de sons de trompettes et de notes de musique, ou encore à la projection d'œuf ou de petits cailloux. La machine antique sert à faire apparaître les dieux sur la scène de théâtre – deus ex machina -, et nous avons rappelé en quoi Vitruve fait figure d'exception en utilisant la mécanique pour expliquer les phénomènes de la nature et non pour en épaissir le mystère ou les noyer dans un nuage de fumée[13].

Et c'est précisément cette attitude à la fois utilitariste et rationaliste de Vitruve qui donne tout son poids à la troisième alerte. Nous sommes maintenant presqu'au terme du traité, au livre X. Après nous avoir exposé les principes de la science, l'architecte a passé en revue les principaux dispositifs de mécanique civile, à commencer par les machines de levage des charges solides : poulie, treuil, levier, balance, gouvernail, etc, puis les appareils pour élever l'eau, parmi lesquels on trouve au passage : le moulin à eau que les Romains connaissent mais négligent d'utiliser, ou encore le mécanisme déjà très sophistiqué de la pompe foulante du fameux Ctésibius. Il s'occupe également des orgues hydrauliques dont le fonctionnement présenté est plus évolué que celui décrit par Héron d'Alexandrie une centaine d'années plus tard. Bref, ce livre X, notre seul et unique traité latin de mécanique, manifeste, au dire des experts les plus qualifiés, « une parfaite maîtrise du sujet[14] ». Il va sans dire que la mécanique militaire, domaine d'exercice de notre architecte, est du même niveau de compétence. Sa matière se divise naturellement en deux parties : offensive et défensive. Les machines offensives consistent essentiellement dans les machines de jets et les machines de sièges : béliers et tortues. Et là, avant même que de passer véritablement à l'art de la défense Vitruve a cette remarque très proche de celle qui avait attiré notre attention en premier lieu : « Mes informations mêmes ne sont pas utilisables en tous lieux et d'une manière identique, les fortifications différant les unes des autres ainsi que les qualités combatives des peuples. La vérité est que l'on doit prévoir des dispositifs mécaniques d'un certain type en face d'hommes audacieux et téméraires, d'un autre type en face d'hommes vigilants, d'un autre en face d'hommes timorés. »

Si les informations ne sont pas utilisables d'une manière identique, ce n'est plus à cause de la singularité des lieux physique mais en raison des « qualités combatives des peuples ». Disons tout de suite que les deux types d'hommes distingués par Vitruve, audacieux et téméraires d'une part, vigilants et timorés correspondent exactement aux deux principes, andreia et sophrosunê, courage et prudence que tout l'art du Politique consistera précisément à entrelacer. La science à laquelle en appelle Platon, et pour la définition de laquelle il se référera momentanément à l'architecture est une science au-delà de toutes les techniques. De même, chez Vitruve, la description des moyens de défense n'est pas à faire : « Non pas assuré-

---
[1] STATUT SOCIAL ET RÔLE DES ARCHITECTES DANS LA PÉRIODE HELLÉNISTIQUE ET AUGUSTÉENNE,
[2] ET PIERRE GROS DE RAPPELER LE « CAESAR PONTEM FECIT »
[3] TACITE, ANNALES, 15, 42, 1-2 ; VÉRIFIER LE TEXTE, CHEZ STIERLIN ???[7]
[4] PLINE : HN,36,102
[5] PLINE : HN,36,95
[6] POUR DONNER UN ORDRE DE GRANDEUR, JEAN SOUBIRAN PRÉCISE QUE LE FÛT DES COLONNES DU PARTHÉNON, MOINS LONGS PUISQUE DE 12,5 M SEULEMENT, MAIS EN GRANITE ÉGYPTIEN, PESAIENT QUELQUES 84 TONNES.
[7] PLINE : HN,36,97
[8] PSEUDO-ARISTOTE, MECHANICA, PR. 847 A, 13
[9] VITRUVE : X,3,5
[10] VITRUVE : I,5,8
[11] VOIR, PAR EXEMPLE, BEAUCOUP PLUS TARD, ADOLPH LOOS
[12] PROCLUS, COMMENTAIRE SUR LES ELÉMENTS D'EUCLIDE, PR. 1 : „IL Y A EN OUTRE LA SCIENCE NOMMÉE MÉCANIQUE, QUI COMPORTE UNE PARTIE DE L'ÉTUDE DES CHOSES SENSIBLES ET MATÉRIELLES. EN DÉCOULE LA SCIENCE QUI CONCERNE LA FABRICATION DES MACHINES DE GUERRE, TELLES QU'EN A CONSTRUIT ARCHIMÈDE POUR LES DÉFENSEURS DE SYRACUSE. EN DÉCOULE AUSSI LA SCIENCE QUI CONCERNE LA CONSTRUCTION D'APPAREILS MERVEILLEUX ; LES UNS EN ONT FABRIQUÉ EN UTILISANT LES SOUFFLES, TELS CTÉSIBIUS ET HÉRON, LES AUTRES EN UTILISANT LES POIDS."
[13] VOIR S'IL N'Y AURAIT PAS QUELQUES BONS EXEMPLES DANS L'INTRODUCTION AUX PHÉNOMÈNES DE GEMINOS
[14] LOUIS CALLEBAT : DE ARCHITECTURA X, P XXIII

ment que les ennemis réalisent leur système d'attaque en fonction de nos écrits, mais leur machinerie est assez souvent détruite, sans machine, par l'effet d'une improvisation, grâce à l'ingéniosité et à la rapidité d'un plan. ». Voilà que les machines -machinationes- vont se voir détruites, sans machines -sine machinis- par la seule habileté -sollertia-.

Cette affirmation qui met en péril les meilleures incarnations du système des proportions va aussi faire l'objet d'une quadruple vérification historique. Car la dernière partie du De Architectura consiste en tout et pour tout dans le récit de quatre sièges de villes, type de récit qui constituait dans l'antiquité un genre littéraire commun aux historiens et tacticiens, mais qui prend chez Vitruve un tour très particulier.

Le premier siège est celui de la ville de Rhodes, où avaient vécu deux des scientifiques les plus proches de Vitruve : Posidonius et Geminus. Les événements que rapporte notre architecte ont eu lieu bien avant : en -304 et commencent par la disgrâce de l'architecte Diognète. Un nouveau venu, Callias avait présenté dans une conférence le modèle réduit d'une machine sur plate-forme tournante[15], laquelle était censée pouvoir saisir toute machine de guerre menaçant la ville, pour la soulever dans les airs et la transporter par-dessus les murailles à l'intérieur de la ville. A la vue de ce modèle, les Rhodiens, stupéfaits, enlèvent à Diognète sa pension et l'attribuent à ce Callias. Vient le jour où Démétrios Poliorcète assiège la ville. Il s'est fait accompagné d'un architecte athénien célèbre : Epimachos qui construit devant les remparts de Rhodes une machine extraordinaire, dite hélopole : « la preneuse de ville ». Sommé d'utiliser sa machine, Callias déclare forfait. Et Vitruve de nous expliquer que les mêmes principes ne valent pas forcément à toutes les échelles. Ce souci, qui avait déjà préoccupé Philon, menace le double système des proportions et de la représentation évoqué, entre autres, dans la définition compréhensive de l'architecture. On se souvient en effet que les deux premiers aspects de la disposition, ichnographia et orthographia, était fondés sur la possibilité de représentation à l'échelle.

A la fin du livre VI, Vitruve avait affirmé que le choix des matériaux incombe au commanditaire, que la bonne exécution est du ressort de l'artisan et que donc l'architecte ne pouvait tirer gloire que de « la séduction née des proportions et des rapports modulaires ». Mais l'affirmation de cette seule compétence exclusive semblait contredite aussitôt après, quand Vitruve recommande à ses confrères d'écouter les artisans et les profanes. « Tout le monde, en effet, et pas seulement les architectes, peut reconnaître ce qui est bien, mais la différence entre profanes et architectes est qu'un profane est incapable de savoir, à moins de l'avoir vu fait, ce qu'un ouvrage sera, tandis que l'architecte, à peine l'a-t-il conçu, et avant même de l'entreprendre, a une vision précise de l'élégance, de la fonction et de l'esthétique convenable qui sont les siennes. » Nous comprenons maintenant, à la fin du livre X, que l'architecte est non seulement celui qui conçoit une représentation anticipée des rapports modulaires, mais qu'il est aussi le seul à pouvoir juger du domaine d'application de cette représentation.

Retournons donc à Rhodes où la population prend peur. Imaginant déjà la dévastation de la ville et l'esclavage, tous se jettent aux pieds de Diognète. Celui-ci, évidemment, refuse de s'exécuter, tel Achille aveuglé par sa colère. On envoie alors jeunes gens, jeunes filles et prêtres en cortège. Diognète finit par se laisser convaincre et organise le stratagème suivant. Qu'on perce les remparts en direction de l'extraordinaire machine et qu'on déverse par cet orifice tout ce qu'on trouve pendant la nuit « comme eau, comme excréments et comme boue ». Naturellement, quand au petit matin la terrible « preneuse de ville » se mit en marche, celle-ci s'enlisa dans le bourbier avant d'arriver près du mur. Demetrios, tout Poliorcète qu'il était, n'eut plus qu'à se retirer avec sa flotte. « Délivrés de la guerre par le savoir-faire de Diognète, les Rhodiens le remercièrent alors publiquement ε ».

Où l'on voit, entre autres, que pour un sujet qui, tel l'architecture, est dépourvu d'intrigue, Vitruve n'était pas sans talent. Mais il est encore trois autres sièges à nous raconter. Celui de Chios, pour lequel Vitruve est très laconique. Menacés par des navires de guerre ennemis équipés de sambuques[17], les habitants déversent, toujours de nuit, terre, sable et pierre sur l'amas immergé desquels la flotte échoue le lendemain et, criblée de massettes incendiaires, devient la proie des flammes. Après quoi, nous passons au siège d'Apollonie qui met de nouveau en scène un architecte. Les assaillants avaient creusé des galeries et menaçaient de faire irruption dans la ville. Voyant la panique, un certain Tryphon, « architecte alexandrin qui se trouvait là », fit creuser des contre galeries dans lesquelles il fit suspendre des vases en bronze. A l'instar des echeia dont Vitruve recommandait l'installation dans les théâtres, ces vases devaient entrer en résonance avec les coups des outils en fer des mineurs assaillants, signalant ainsi où se dirigeaient leurs galeries. Hérodote évoque déjà ce procédé de détection à propos du siège de Barsé par le Perse Amasis en -520, procédé resté en usage jusqu'à l'époque byzantine[18]. Une fois donc repérées les galeries ennemies, « Tryphon fit disposer, à une hauteur supérieure à celle des têtes des mineurs, et dans leur direction, des récipients de bronze pleins d'eau bouillante, de poix, d'excréments humains et de sable calciné brûlant. Il fit ensuite percer, de nuit, une quantité de trous par lesquels, faisant brusquement tout déverser, il provoqua la mort de tous les ennemis qui travaillait là. ».

Reste le siège de Marseille, cité qui se trouve elle aussi entourée de galeries ennemies. Les habitants en approfondissent le fossé jusqu'à ce que le fond soit inférieur au niveau des galeries. Ce fossé étant alors rempli de l'eau des puits et du port lorsque les galeries ennemies y débouchèrent, « un flot violent s'y engouffra en renversant les étais; les hommes qui étaient à l'intérieur furent tous écrasés, tant par la masse d'eau que par l'effondrement de la mine. » Mais l'histoire ne s'arrête pas là. L'ennemi contre attaque en construisant auprès des remparts des terrasses en bois; les Marseillais y mettent le feu en y envoyant des barres de fer incandescentes avec des balistes. Finalement, une tortue bélière assaillant s'étant rapprochée, les Marseillais la prennent au lasso et, « par l'entraînement circulaire d'un tambour, avec un cabestan, ils tinrent sa tête relevée, empêchant que le mur soit atteint. C'est toute la machine qu'ils détruisirent enfin, au moyen de massettes incendiaires et par les coups de balistes. »

Et Vitruve de conclure : « Ces cités victorieuses furent ainsi libérées, non pas à l'aide de machines, mais en s'opposant à des dispositifs mécaniques, grâce à l'ingéniosité des architectes. » C'est encore plus clair en latin : « Ita eae victoriae ciuitatum non machinis, sed contra machinarum rationem, architectorum sollertia sunt liberatae. »

De par sa cohérence et son articulation à la structure même du De Architectura, cet art de la défense mérite toute notre attention. Dans l'Antiquité, comme de nos jours dans la communication entre machines, on ne commence ni ne termine un message, impunément. Le début et la fin d'un acte de communication font toujours l'objet d'un protocole. Nous avons déjà insisté sur trois des dispositifs ayant valeur de seuil dans le De Architectura[19] : le paragraphe I,1,1 qui ordonne la discipline architecturale aux deux principes : proportio et sollertia, les dix préfaces qui reviennent toutes sur l'exigence de scientificité, et enfin l'édifice inaugural, la Tour des Vents, qui intègre les trois composantes de l'architecture : aedificatio, gnomonica, machinatio. Il nous reste à considérer le plus liminaire d'entre ces dispositifs, l'adresse à l'empereur, qui mobilise la première des préfaces et que nous lirons, précisément depuis la fin de l'ouvrage, dont la conclusion a également pour objet de camper l'auteur dans sa relation à l'empereur.

Comme nous l'avons signalé, les récits de siège constituaient un genre littéraire et ce que le Traité de poliorcétique venait puiser des exemples tactiques dans un corpus de cas traditionnels accumulés depuis les plus anciens historiens. Nul doute que Vitruve ne s'inscrive dans cette tradition, mais pour bien comprendre l'originalité de son « art de la défense » nous distinguerons deux plans bien distincts. Le premier plan est celui de la relation historique des événements et du rapport que l'auteur entretient avec ces récits ; tandis que le second plan laisse remonter un fond de violence radical qui ressort habituellement de la pensée mythique.

Sur le plan de l'insertion historique, donc, commençons par le siège de Rhodes, cette île qui tient une place particulière dans le paysage intellectuel auquel se réfère Vitruve. C'est en effet l'île où vécurent aussi bien Posidonius que Geminos, les deux auteurs scientifiques les plus proches de Vitruve, témoignant ainsi de ce qu'Alexandrie n'est déjà plus la cité du savoir scientifique. Hipparque y a aussi mené ses observations d'astronomie, et à la suite des divers travaux de mesure de la terre entrepris par les géographes, cette île se trouve désormais au centre du monde si, par cette expression, on veut bien

comprendre qu'elle se situe à l'intersection du méridien et du parallèle de référence : méridien d'Alexandrie et parallèle de ???. La ville a réellement était assiégée en -304 par Démétrios qui « avait été surnommé poliorcétès, preneur de ville, à cause de son habileté méthodique dans la conduite des sièges et du talent qu'il avait d'inventer des machines utiles pour emporter les places …[20] ».

Sur aucun des architectes mentionnés dans cette histoire nous ne savons rien de plus que ce que nous en dit Vitruve, ni sur Diognète, ni sur Callas d'Aratos, ni sur Epimachos. Le nom de ce dernier apparaît certes dans le récit du même siège de Rhodes par Athénée, mais tous trois restent des personnages fantômes, tout comme ce Tryphon d'Alexandrie « qui se trouvait là » au siège d'Apollonie, ville qu'on ne sait même pas localiser. La relation du siège de Chios est elle trop lapidaire pour qu'un architecte y soit même évoqué, on est d'ailleurs très incertain quant aux événements réels auxquels Vitruve fait allusion, à la suite encore une fois d'Athénée[21] ; le plus vraisemblable est qu'il s'agisse du siège mené par Philippe V en -201. Quant à celui de Marseille, guère plus d'architecte. Nous avons tâché de résumer le siège de cette ville sur le mode très impersonnel qu'a utilisé Vitruve en latin et qui contraste avec le caractère dramatique de la relation du siège de Rhodes. Cas très étrange, en effet, que celui de Marseille, puisque sans aucune précision historique. Les tournures passives telles que « oppugnarctur » et les emplois de la troisième personne du pluriel, de l'« impluerunt » quand il s'agit des habitants de la ville, demeurent extrêmement elliptiques. Et pourtant, un siège de Marseille a bien eu lieu, et ceci par l'armée romaine, en -49, c'est-à-dire pendant les années d'exercice d'un certain architecte militaire du nom de Vitruvius qui, tel Diognète l'ingénieux, reçoit une pension pour ses bons et loyaux services, dans son cas du général qui conduisit l'assaut de la cité phocéenne, pension reconduite sur recommandation d'Octavie, sœur de l'empereur Auguste, auquel s'adresse l'auteur du De Architectura au seuil du traité.

César raconte le siège non pas dans le De Bellum Gallica, mais dans le Bellum Civile, car Marseille est depuis longue date intégrée à l'empire romain, d'où le caractère intestin de ce conflit. César raconte[22] que son légat C. Trebonius, entreprit de « pousser devant la place, sur deux points une terrasse », mais que les Marseillais, profitant d'une trêve, firent par la suite une sortie et mirent le feu aux ouvrages. « Le vent le propagea si rapidement qu'en un instant la terrasse, les mantelets, la tortue, la tour, les machines de jet furent en flammes et que tout fut brûlé avant qu'on pût comprendre comment la chose s'était produite. Trebonius fit alors une seconde terrasse « d'un genre nouveau et telle qu'on n'en avait jamais vu. ». Et César de poursuivre en déclarant qu'une réfection si rapide des ouvrages découragea les Marseillais. En bref, César a gagné ! Comment Vitruve peut-il donc conclure son récit sur la tortue bélière arraisonnée par les Marseillais, et suspendue dans les airs, suspenso capita ejus, comme un criminel pendu par le cou[23]. A-t-on jamais vu un auteur conclure sur une note aus-

---

[15] UN PEU DONC DANS LE PRINCIPE DES PLAFONDS TOURNANTS DE LA DOMUS AUREA, MAIS AUSSI, SIGNALE LOUIS CALLEBAT, DE CES PLATEFORMES TOURNANTES SUR ROULEMENT À BILLE TROUVÉES SUR L'UNE DES GALÈRES DE NEMI.
[16] PROBABLEMENT UN BÉLIER
[17] LE MOT DÉSIGNE À LA FOIS UN INSTRUMENT DE MUSIQUE À CORDES ET UNE MACHINE DE JET, DONT LE MÉCANISME EST ÉGALEMENT ACTIONNÉ PAR DES CORDES.
[18] LOUIS CAILLEBAT : DE ARCHITECTURA X, P 288
[19] FONDAMENTALEMENT, LE DE ARCHITECTURA CONSERVE POUR NOUS UNE VALEUR INAUGURALE : 1ER TRAITÉ D'ARCHITECTURE ANTIQUE, DE GNOMONIQUE, DE MÉCANIQUE LATINE. LE DE ARCHITECTURA DOIT SE LIRE DANS SA DIMENSION PROJECTUELLE, INCHOATIVE MÊME POURRAIT-ON DIRE.
[20] GELL., N.A. 15,31,1 [INFORMATION ABSCONDE DANS CALLEBAT, X, P 282]
[21] ATHÈNE, MECHANICA, 27,1
[22] TOUTES CES INFORMATIONS SONT ADMIRABLEMENT RASSEMBLÉES PAR LOUIS CALLEBAT, DE ARCHITECTURA, X, P290.
[23] PRÉCISER LA VALEUR DU CHÂTIMENT DE PENDAISON CHEZ LES ROMAINS.

si péjorative, laquelle laisse à penser que l'armée romaine va perdre, ce qui, même si César a pu subir un revers momentané, sera finalement faux. Rappelle-t-on à l'empereur Auguste dont « le courage invaincu anéantit tous ses ennemis », que son illustre prédécesseur aurait failli ? Et puis, laissons-là le relationnel pour revenir sur le fond. Cette tortue suspendue dans les airs n'est-elle pas enserrée dans un lasso, puis renversée par l'entraînement circulaire d'un tambour, avec un cabestan. N'y aurait-il donc pas comme une machine à l'autre extrémité du lasso ? Et ne s'agit-il pas là d'une machine défensive ? Et enfin, cette machine n'a-t-elle pas été conçue, à l'avance, comme celle de Callas, pour soulever des machines offensives ?

« ...non machinis, sed & architectorum sollertia »[25] ? Nous sommes en pleine fiction, construite sur la base d'événements historiques réels certes, mais préalablement neutralisés. César ne mentionne aucune tortue renversée par un lasso. On ne dispose d'aucune information précise sur la participation effective de Vitruve au siège de Marseille, mais ce qui apparaît, à la lecture des textes, c'est qu'un légat du nom de C. Trebonius y fit bien œuvre de génie militaire et qu'il construisit une seconde terrasse « d'un genre nouveau et telle qu'on n'en avait jamais vu. » et ceci, si rapidement[26], qu'il en découragea les Marseillais. Comment ne pas éprouver quelque jalousie quand on est soi-même ingénieur militaire, voire quelque ressentiment, tel que Diognète le pensionné, peut en éprouver à l'égard de Callas, le tard venu ?

Sine machinis, sed cum machinae. Sans machines mais avec machination. Dans une civilisation qu'on dit si peu technicienne comme l'antiquité gréco-romaine, la prétention à se passer de la machine relève déjà de l'ordre du mythe. C'est que, même chez Vitruve, la machine est perçue comme un danger qui menace l'ordre social et les vraies valeurs viriles. Nicole Loreaux a très bien montré comment dès la toute jeune démocratie athénienne se targuait de n'avoir pas de soldats professionnels. Athènes l'emporte de par la valeur morale de ses citoyens, et bon nombre des diatribes de Platon contre la marine s'explique par son opposition à voir la cité entretenir un corps de rameurs et de marins, spécialement entraîné. « Civis murus erat » reste l'idéal militaire au travers toute l'antiquité que le binôme machine / machination met en péril de deux manières, totalement opposées, mais pensées conjointement.

En effet, si nous revenons aux quatre récits vitruviens, il saute aux yeux que le siège marseillais se distingue des quatre autres par le fait qu'il comprend un épisode supplémentaire, à savoir celui des terrasses et du lasso, qui survient après un premier revers des assaillants. Jusque là en effet, c'est-à-dire avant X,16,2 très précisément nous demeurons dans la robinsonnade du sine machina comme c'est entièrement le cas des trois autres sièges. Si donc on omet cet épisode des terrasses et du lasso, il va de soi que les quatre récits forment un groupe homogène qui conserve la même structure, laquelle apparaît très clairement si l'on se réfère à ce qui constitue la norme de la bataille dans l'imaginaire antique. En effet, depuis le VII siècle en Grèce, la guerre a cessé d'être une mêlée qui n'était que le préalable à l'affrontement de personnalités singulières dont le courage ou la démesure décide du sort de la bataille. L'invention du bouclier à double poignée, armement coûteux dont seuls peuvent s'équiper les citoyens propriétaires terriens : les autochtones, seuls autorisés à prendre part à la bataille, est l'un des éléments qui permet de ranger les citoyens en ordre de bataille, l'un à côté de l'autre, tous indistincts, et la vertu guerrière consiste désormais à maintenir le rang. Notons bien d'ailleurs que les grecs ont un mot pour cela, stoicheia : les soldats en ordre de bataille, ou encore : les éléments. Ainsi, lors des oraisons funèbres, les morts au champ de bataille seront-ils célébrés communément, tribus par tribus, et non pas individuellement. La bataille a lieu de jour dans la plaine, fantassins contre fantassins, rang contre rang. Bien sûr tout ceci est une fiction, mais c'est en relation à cette norme que sont évalués les comportements militaires. Le recours à des moyens artificiels tels que les machines de jets apparaît immédiatement comme relevant du sur armement qui à la fois confère une victoire sans gloire parce qu'elle ne doit plus rien à la discipline du rang et tout en même temps menace d'enclencher une escalade technologique dangereuse pour chacune des deux parties en conflit. Inversement, toute attaque de nuit, par la ruse, faisant usage d'éléments naturels se présente comme une régression toute aussi dangereuse de par le retour à la barbarie qu'elle engage.

Les quatre récits vitruviens opposent ces deux tendances l'une à l'autre : sur armement contre sous armement. Leur découpage commun présente la suite de séquence suivante. Une cité est menacée par un ennemi sur équipé. Prise de désespoir la population s'en remet à stratagème rusé. De nuit, par des orifices percés dans les remparts, on déverse une masse indistincte dans laquelle viendra s'enliser le dispositif mécanique ennemi. N'ayons pas peur des mots utilisés par Vitruve, ils sont répétés sciemment : eau bouillante, poix, sable calciné brûlant, boue, excréments humains, voilà ce qui triomphe de la machine. Et c'est bien pour échapper à l'enlisement que Chersiphron a inventé le moyen de rouler les fûts de colonnes qu'il devait acheminer vers le temple d'Éphèse, connu pour être élevé sur terrain marécageux[27]. Mais nos quatre récits ne laissent pas d'échappatoire à la machine. Nous sommes dans la régression la plus totale.

C'est à se demander si Vitruve ne laisse pas affleurer ici le socle des mythes de guerre d'anéantissement que Pierre Ellinger a si bien mis en évidence dans son très beau texte : Le gypse et la boue. Sans entrer dans le détail d'un texte qui demande à être lu dans son entièreté, relatons les deux récits majeurs qui mettent en scène ce dépassement de la guerre par le haut et par le bas. A commencer par le sur armement. Les fantassins Phocidiens se sont retiré sur le Parnasse devant les cavaliers Thessaliens en sur nombre. Leur désespoir est tel qu'ils s'apprêtent à sacrifier femmes et enfants en cas de défaite. Mais leur devin Tellias imagine le stratagème suivant. Qu'ils enduisent leur corps nu de gypse, qu'ils attaquent de nuit, à la pleine lune, et tuent quiconque ils verraient non blanchi. Les voici donc qui comptent les cadavres de 4000 fantassins thessaliens avec leur bouclier (aspidôn). Quant à la cavalerie, qu'ils enterrent des amphores vides au fond d'un étroit défilé, les chevaux des Thessaliens viendront s'y briser les jambes. Pierre Ellinger explique alors comment le gypse constitue une sur parure destinée à contrer le surarmement des Thessaliens venus en sur nombre avec un corps de cavaliers. Un tout autre récit raconte les mésaventures d'Alphée, lequel était tombé amoureux d'Artémis ; « dès lors, comprenant qu'il ne l'obtiendrait pas en mariage par la persuasion et par les prières, et l'audace de vouloir lui faire violence et se rendit à une fête de nuit que tenaient Artémis et les Nymphes ses compagnes de jeu. Mais Artémis soupçonnait le complot d'Alphée et elle s'enduisit le visage avec de la boue (pêlos) et aussi le visage des Nymphes qui étaient présentes. Alphée, quand il vint, ne pût distinguer Artémis des autres, et l'ayant pas reconnue, ne s'fut sans tenter son entreprise.[28] ». Artémis, désarmée, déjoue le combat en s'enduisant de boue. Ellinger s'appuie alors sur les analyses de Jean Pierre Vernant pour relier les deux récits, celui du gypse et celui de la boue, par « le lien et tout à la fois la polarité entre les deux types d'institutions », à savoir : le mariage pour la fille et la guerre pour le garçon, le viol étant pour l'une au niveau individuel, ce que la guerre d'anéantissement est pour l'autre au niveau collectif. Et pour établir ce lien entre le mythe d'Alphée et le récit Phocidien, Pierre Ellinger aura recours à toute une série de textes intermédiaires dont l'un d'entre eux n'est autre qu'un successeur direct de Vitruve, à savoir Pline l'Ancien. L'encyclopédiste romain dédie en effet deux chapitres de son Histoire Naturelle au comportement de la mangouste, laquelle s'enduit de boue avant de s'attaquer à la vipère aspic, armée de ses crocs redoutables.

Pierre Ellinger montre ainsi que l'opposition du gypse et de la boue a donc encore cours dans le contexte ethnographique romain et plus tardif que la date à laquelle écrit Vitruve[29]. De ces mythes évidemment, notre architecte ne dit mot[30]. En revanche, nous pouvons nous demander si ces quatre récits ne se situent pas chez le romain sur un plan équivalent à ce qu'est pour nous la guerre nucléaire, à savoir un affrontement mené au moyen des plus petits éléments physiques connus. Rappelons-nous : terre, eau, flammes, il ne manque que l'air pestilentiel pour constituer le quadruplet des éléments fondamentaux de la physique antique depuis Empédocle. « Toutes choses semblant donc être formées et produites par la rencontre de ces éléments et ces choses ayant été diversifiées par la nature en une infinité d'espèces, j'ai pensé qu'il convenait, envisageant leur variété et leurs particularités, de traiter de l'usage fait de ces choses et de leurs qualités spécifiques dans les constructions, de manière que, les connaissant, ceux qui envisagent de construire ne commettent pas d'erreur, mais se procurent, pour leurs constructions, les matériaux propres à y être utilisés.[31] ». Vitruve détruit à la fin du livre X ce qui fait l'objet principal du livre II, à savoir la genèse de l'architecture au travers de l'analyse de la composition des matériaux de construction, à partir des quatre éléments de la physique : ter-

re, air, feu, eau. Bref, le livre X se conclut sur une anti-genèse dans une anti-préface qui s'achève sur un revers de César.

La boue, le marécage, le chaos originel ou l'état post-nucléaire, Vitruve a bien lu Lucrèce et sa théorie des quatre éléments est matinée d'atomisme : ce monde a eu un commencement, il aura également une fin ; il se réduira à ses composants ultimes : les atomes. Mais revenons encore une fois au livre I, un peu avant la première évocation de la théorie des éléments « que les grecs appellent stoicheia[32] ». Jusque là le livre I n'était pas forcément toujours très limpide, mais il avait le mérite d'être ordonné : définition encyclopédiste du savoir architectural, annonce des deux principes : proportio et sollertia, définition compréhensive de l'architecture développant la polysémie de la symmetria, puis définition extensive de l'architecture composée des trois domaines d'activité : aedificatio – gnomonica – machinatio. Lorsque nous avons commenté la Tour des Vents qui concrétisa cette définition extensive, nous avions, sans le dire, fait un saut de I,3,1 à I,6,4. Et voilà bien à quoi nous oblige le texte à partir de cette deuxième définition. Tout ce qui vient ensuite n'est tissé que de redites, d'argumentations entamées puis reprises ailleurs, de procédures géométriques répétées, et il n'est pas jusqu'aux figures annoncées – même si elles ont disparues – qui ne soient dédoublées[33].

Une telle confusion de la part d'un auteur qui manifeste constamment son souci d'ordonner sa matière ne peut qu'étonner. Que sur la base de deux manuscrits distincts, on ait découpé chacune des sous parties et qu'on les ait rassemblées tant bien que mal ensuite dans un seul document, en voulant éviter la juxtaposition immédiate des passages similaires, le résultat n'eut pas été différent. Mais quelque soit les aléas de la transmission matérielle du Traité, l'examen du contenu du texte appelle de toute façon un autre ordre d'explication, car il semble bien de nature à embarrasser quiconque aurait voulu en faire la synthèse. En effet, ce à quoi semble en venir Vitruve, en cette fin de livre I, est tout simplement faux, ou plus exactement ne correspond pas à l'ordre de réalité sur lequel il nous le présente. Il n'y a jamais eu dans l'antiquité romaine de ville au plan circulaire, et encore moins radial. Il faut reconnaître que sur ce dernier point, Vitruve peut conserver pour lui l'avantage du doute : ce qui fait l'objet de toute cette dernière partie, à savoir le schéma d'implantation des villes n'est finalement évoqué que de manière elliptique, à la suite de chacune des procédures géométriques de tracé de la rose des vents.

Tâchons donc de reproduire l'argumentation, en la mettant à plat de la manière la plus neutre et sans nous soucier des détours du texte. Une ville doit être implanté dans les hauteurs sur un site sain. La santé résulte du bon dosage des quatre éléments fondamentaux. Par-dessus tout on évitera la proximité des marécages où l'excès d'eau se compose à l'excès de chaleur où se complaisent les bêtes des marais. Pour trouver les sites favorables les haruspices observent les entrailles d'animaux sacrifiés. Ils ont raison, bien malgré eux car, de fait, les entrailles révèlent l'état de santé des animaux qui

---

[24] DE ARCHITECTURA, I, DÉDICACE À L'EMPEREUR.
[25] NON PAR DES MACHINES, MAIS … PAR L'HABILETÉ DES ARCHITECTES
[26] PAR L'EFFET D'UNE IMPROVISATION, GRÂCE À L'INGÉNIOSITÉ ET À LA RAPIDITÉ D'UN PLAN : EX TEMPORE SOLLERTI CONSILIORUM
[27] EXPLIQUER LES FONDATIONS
[28] PAUSANIAS, VI, 22, 8
[29] DEUX DES VERSIONS DU STRATAGÈME PHOCIDIENS ANALYSÉ PAR ELLINGER SONT DE PLUTARQUE ET DE PAUSANIAS, DONC POSTÉRIEURES À VITRUVE, DE LA PART D'AUTEUR ROMANISÉS, LA TROISIÈME ÉTANT D'HÉRODOTE. LE MYTHE D'ALPHÉE EST LUI AUSSI DE PAUSANIAS. PLUTARQUE ET PAUSANIAS, DES Ier ET IIème SIÈCLE APRÈS JC.
[30] ET POURTANT IL FAUDRAIT OSER SE DEMANDER SI LE DISCRÉDIT DE VITRUVE À L'ÉGARD DE LA BRIQUE EN OPPOSITION À L'OPUS QUADRATUM N'EST PAS UNE TRACE DE CETTE OPPOSITION DE LA BOUE (PÊLOS) À LA PIERRE, ET EXAMINER PAR LA MÊME OCCASION L'OPPOSITION EN SENS INVERSE DE LA PIERRE AU GYPSE, LEQUEL SYMBOLISERAIT LES SUR PARURES DES PEINTURES POMPÉENNES DE CRIÉES PAR VITRUVE. COMMENCER EN LISANT : HN, VII, DÉJÀ DEMANDÉ À NATHALIE DESROSIERS
[31] II,2,2
[32] I,4,5
[33] I,6,12

est d'autant meilleur qu'ils se sont bien alimentés, à raison du bon dosage des éléments trouvés sur le site prospecté. Les vents constituent le principal facteur de contamination susceptible de véhiculer les mauvaises exhalaisons depuis les basses terres des marais vers les hauteurs de la ville. Il faut donc éviter qu'ils ne s'engouffrent directement dans les rues. En conséquence, on tracera d'abord l'octogone de la rose des vents principaux, puis on alignera les rues sur les directions formées par les bissectrices entre les huit directions données par l'octogone.

Par delà la forme alambiquée du texte, qu'est-ce qui ne va pas dans cette argumentation ? Question à laquelle il faut répondre dans le contexte socio culturel de l'antiquité romaine qui est celui de Vitruve. Ce n'est pas seulement qu'on ne trouve pas de ville circulaire et encore moins radial ou polygonal concentrique. De ce type de plan, nous n'avons trace que dans les textes de Platon, - sur lesquels nous aurons naturellement à revenir - ou, de manière très amusante, dans la caricature faite par Aristophane, dans sa pièce les Oiseaux, du plan de ville circulaire proposé par Méton de Kolonos, le seul urbaniste grec connu en dehors d'Hippodamos de Milet. Ce n'est pas non plus qu'on trouvera des textes qui défendent à propos des vents, le parti résolument inverse, à savoir qu'une ville sera assainie par le balayage des vents qu'on favorisera en orientant les rues dans leur direction. Telle est ainsi l'opinion exprimée, 300 ans après Vitruve, par Oribasius[34], compilateur de Galien. Si l'argumentation de Vitruve doit être mis en défaut, c'est parce qu'elle ne correspond pas aux pratiques de son temps, où il est exclus de fonder une ville sans consulter les augures et procéder au rite de l'inauguratio.

Il faut saluer Joseph Ryckwert pour avoir fait le travail de réunir les divers sources qui nous informent sur ces rites présidant non seulement à l'implantation de toute ville romaine, à commencer par la principale : Roma l'Urbs, mais également de tout campement militaire, même lorsque l'armée est en déplacement et ne dresse le temps que pour une nuit. En réalité, on ne procède pas à ce rite uniquement dans le cas d'une nouvelle implantation matérielle, mais chaque fois que le caractère sacré d'un lieu demande à être réactualisé : séance du sénat, décision militaire en campagne. Même si les textes ne sont pas absolument cohérents , il semble qu'on puisse découper le rite de l'inauguratio en quatre temps : conregio, conspicuo, cortumio, contemplatio.

Pour ce qui est de la conregio, nous disposons du texte de Tite Live qui décrit ainsi les actes de l'augure au début de l'inauguratio demandée par le premier roi de Rome : Numa. « L'augure, la tête voilée prit place sur la gauche de Numa, et tenant dans sa main un bâton recourbé et sans nœud appelé lituus & Il pria les dieux et fixa les régions de l'orient au couchant, disant que le sud était à droite et le nord à gauche[36] ». A la suite de l'indication des quatre directions cardinales, l'augure poursuit en pointant de son lituus, - un bâton recourbé, sans nœud – les marques singulières du site, tels les arbres ou les rivières. Vient alors la conspicuo par laquelle l'augure accompagne du regard un geste qui balaie l'ensemble du site à consacrer. On passe alors à la cortumio, à savoir l'attente de la réponse des dieux, communiquée sous la forme d'un événement sujet à interprétation. Ainsi Remus sur l'Aventin aura-t-il vu le premier 6 vautours, tandis que Romulus sur le Palatin ne verra ses oiseaux qu'en second, mais au nombre de 12. Lequel des deux frères peut donc prétendre à fonder la ville, voilà qui est sujet à interprétation. Après quoi on pourra procéder à la con-templatio qui consiste à tracer au sol un diagramme circulaire centré sur le decussis, à savoir l'intersection des directions nord-sud (cardo) et est-ouest (decumanus). C'est que, comme Varron l'explique dans son De lingua latina : « Templum est utilisé de trois manières : dans le ciel en référence à la nature, sur le sol en référence à la divination , dans le sous-sol en référence à la ressemblance[37] ». Tout se passe donc comme si le templum était avant toute chose une portion du ciel qui se projette sur le sol en un diagramme abstrait constitué d'un cercle centré sur l'intersection du cardo et du decumen dont les quatre secteurs font l'objet d'un découpage second suivant des directions indiquées par les points remarquables relevés dans la topographie du site. Et justement, à ce sujet de la topographie, n'abandonnons pas nos chers romains en fin d'inauguratio sans mentionner la seconde phase des opérations. Une fois pris les auspices[38], il faut encore en appeler aux haruspices, c'est-à-dire sacrifier un animal dont on interrogera les entrailles pour s'assurer de la nature propice du site choisi.

On ne peut qu'être frappé à la fois par la proximité et par le décalage entre ce qu'on peut reconstituer des rites d'inauguration et ce que nous dit Vitruve de la méthode d'implantation des villes et, en particulier à ce niveau du discours le moins équivoque, c'est-à-dire : la géométrie. La figure, « ou schemata, comme disent les grecs[39] » dont la construction est par deux fois décrite dans le De Architectura est fondamentalement la même que le diagramme de la contemplation, figure dont le plan octogonal de la Tour des vents nous donne la matérialisation architecturale[40]. Et si Vitruve ne dit rien des gestes de l'augure, il ne peut pas s'empêcher toutefois de mentionner les haruspices, à savoir la lecture des entrailles. Nous ne pensons pas trahir Ryckwert en affirmant que ce que nous propose là Vitruve, c'est une utopie rationaliste en décalage total avec la réalité sociale et donc religieuse de son temps. La théorie des éléments, même réinterprétée par la médecine hippocratique n'a jamais suffi à fonder une ville romaine.

Plus exactement, on a l'impression que Vitruve confond plusieurs plans qui interfèrent entre eux bien que notre architecte n'accorde de crédit qu'à l'un deux, celui de la réalité que nous dirions rationnelle. Ainsi nous semble-t-il que, dans les domaines des auspices, la rose des vents est au diagramme de l'inauguratio, ce que, dans le domaine des haruspices, l'interprétation alimentaire est au sacrifice des animaux. La signification religieuse du sacrifice est bien évoquée : « C'est pourquoi je pense qu'il faut encore et encore rappeler les vieilles méthodes », mais elle est réduite à un procédé empirique et non plus symbolique : « Lorsqu'ils avaient fait plusieurs essaisε », lequel s'explique physiquement : « la possibilité que les qualités d'une terre saine soient révélées par les pâtures et la nourriture peut être reconnue dans les terres crétoises ... ». De même, plus tard, lorsqu'aux livres III et IV, Vitruve étudiera l'architecture des temples, nul mot ne sera dit des rites qu'on y pratique. Ce sont des architectures vides dont on taira tout lien avec le templum de l'augure. Car là encore se manifestent les deux plans, celui abstrait du diagramme qui est donc circulaire et celui de l'édifice concret dont le plan est rectangulaire. Et Ryckwert de préciser, à juste titre, que les temples ronds, ceux que Vitruve nommera de manière ambiguë monoptères, tels ceux des Vestales, ne constituent pas des temples à proprement parler[41].

Sur le plan de la ville auquel parvient Vitruve, nous disposons en tout et pour tout de trois phrases. La première se trouve en I,5,2 : « Il faut implanter les villes ni sur un plan carré, ni à angles saillants, mais sur un plan curviligne ». Que le contour proposé de la ville soit de type plus ou moins circulaire, cela semble plus ou moins affirmé par le mot latin circuitionibus. Pour son compte, le non quadrata du « ni sur plan carré » a déjà fait couler beaucoup d'encre. Vitruve a-t-il voulu évoquer indirectement, et ne serait-ce que par la négative, la Roma quadrata des origines ? Ce serait d'autant plus intéressant que bien des auteurs s'accordent à voir dans ce plan de ville originel un cercle divisé en quartiers, à l'image du diagramme des augures. Le fait que Vitruve justifie ce plan par la possibilité d'apercevoir l'ennemi de plusieurs endroits à la fois, semble pourtant bien limiter la portée de cette première phrase au contour extérieur de la ville, à ses remparts donc comme le confirme le contexte général de ce passage.

Pour ce qui est donc de l'articulation intérieur du plan, il nous reste donc deux phrases qui viennent chacune conclure une des deux procédures de construction géométrique de la rose des vents. La première nous dit : « Il est alors manifeste que l'on doit aligner le tracé des avenues et des ruelles sur les angles formés entre deux directions du vent.[42] » La signification de cette phrase est tout aussi équivoque en latin et dépend de la nature déterminée ou indéterminée des partitifs utilisés. Le tout tracé est-il fixé par l'angle entre deux des directions du vents, auquel cas on aurait affaire à une trame orthogonale dont l'orientation serait donnée par une seule des bissectrices de la rose des vents. Ou au contraire, le tracé de chacune des rues, prises une par une ou par sous groupes, s'ordonne-t-il à sa bissectrice qui lui correspond individuellement, à la différence des autres rues ou autres sous-groupes de rues ; bref, à chaque rue sa bissectrice, auquel cas nous serions alors dans un plan radioconcentrique. La deuxième phrase donne une méthode de construction des pans coupés de l'octogone avec une équerre, mais elle prête aussi bien à l'une comme à l'autre des interprétations : « Lorsque cela est terminé, placer le gnomon entre les sommets de l'octogone et procéder ainsi à l'orientation du réseau des ruelles. »

Trois phrases donc, en tout et pour tout, c'est peu ; et surtout si l'on considère que celles qui concernent directement l'articulation intérieure de la ville ne sont peut être que deux versions d'une même phrase originale en provenance de deux manuscrits différents. Peut-être Vitruve considérait-il comme implicite le fait que la trame urbaine soit orthogonale et non pas radioconcentrique, puisque, après tout, c'était le cas général des villes romaines quand aucune autre contrainte ne venait interférer ? Mais dans tous les cas, on ne peut manquer de soupeser l'économie générale du texte et constater que, voulant traiter de l'implantation des villes, Vitruve porte l'essentiel de son attention sur la construction d'objets radioconcentriques : rose des vents, Tour des Vents, remparts des cités, mais également sur la distance à tenir à l'égard des marécages. Ce qui le préoccupe donc, ce qu'il s'attache à nous expliquer c'est le diagramme abstrait dont la stéréotomie s'oppose à la plasticité informe des marais.

Car la rose des vents et l'observation du foie des animaux, ces auspices et haruspices rationalisés, n'ont de sens, avant toute autre chose, qu'à nous prémunir contre la hantise des marais et des bêtes qui les habitent. Tous les développements hippocratiques de la théorie des éléments visent essentiellement à mettre en évidence le caractère foncièrement corrupteur de la combinaison du chaud et de l'humide qui donne naissance aux bêtes des marais. En I,4,3 : « la chaleur ôte par cuisson leur fermeté aux choses et leur enlève leurs forces naturelles en les aspirant avec ses vapeur brûlantes, elle les désagrège toujours et leur retire toute résistance en les ramollissant par son ardeur, comme nous le remarquons même pour le fer qui, bien que naturellement dur, se ramollit tellementε ». Une véritable dissymétrie s'instaure entre le chaud et le froid lorsqu'un peu plus loin il est précisé qu' « en été, non seulement dans les lieux insalubres, mais aussi dans les lieux sains, tous les organismes s'affaiblissent sous l'effet de la chaleur et qu'au cours de l'hiver, mêmes les régions très insalubres deviennent saines, car le froid les raffermit. » Le froid donc peut être bon, le chaud jamais, surtout lorsqu'il se mêle à l'air ou à l'eau : « C'est pourquoi il faut se garder, dans les implantations des enceintes, des orientations qui peuvent répandre des souffles chauds dans l'organisme des hommes.[43] »

Il faut donc se prémunir contre les souffles chauds, mélanges d'air et de feu. Il faut briser les vents contre les angles des immeubles car, les figurines d'Eoles le démontrent, ce sont eux-mêmes des mélanges qui naissent « quand la chaleur heurte l'élément humide et que la pression produit un violent courant d'air. »[44] Aussi les marais, mélanges de terre et d'eau, seront-ils mauvais à leur tour, comme les marais Pontins, mais également, et Vitruve omet de le rappeler, les marécages qui occupaient la vallée du Forum. A fortiori, craindra-t-on les mélanges à la deuxième puissance, qui vont associer le couple terre-eau au couple air-feu : « ... ensuite on évitera un voisinage marécageux. En effet lorsque les brises matinales parviendront à la ville avec le soleil levant, que des brumes prendront naissance et se joindront à elles et que leur souffle répandra dans

---
[34] ORIBASIUS, ED. DAREMBERG, II, P.318
[35] VOIR SI JOHN SCHEID N'AURAIT PAS ÉCRIT QUELQUE CHOSE À CE SUJET
[36] TITE-LIVE, 1,18, (MA TRADUCTION, CHERCHER LA TRADUCTION FRANÇAISE ACADÉMIQUE)
[37] VARRON, DE LINGUA LATINA, VII,6
[38] LES AUSPICES REPOSENT SUR L'OBSERVATION DU VOL DES OISEAUX, TANDIS QUE LES HARUSPICES ONT POUR MISSION D'EXAMINER LES ENTRAILLES DES ANIMAUX SACRIFIÉS
[39] I,6,12
[40] ET QUI, SI ELLE NE SERVAIT PAS À DES USAGES ATROLOGIQUES, FOURNISSAIT TOUTEFOIS DES INFORMATIONS ASTRONOMIQUES SUR LE DISQUE ANAPHORIQUE
[41] VÉRIFIER CE QUI SE PASSE À L'ÉPOQUE HELLÉNISTIQUE, LORSQUE LES MONARCHES ABSOLUS SE FONT CONSTRUIRE DES THOLOS, TELLES LE PHILIPEION OU L'ARSINOEION.
[42] I,6,7
[43] I,4,5
[44] I,6,2

OBJECTILE – FAST WOOD : A BROUILLON PROJECT

Mit freundlicher Unterstützung
Institut français de Hambourg und
Hamburger Architektur Sommer

Hamburger
Architektur Sommer
2006

le corps des habitants les exhalaisons empoisonnées des bêtes des marais mêlées à la brume, elles rendront l'endroit malsain.[45] »

Car ce qu'il faut entendre par mélange, ce n'est pas à proprement parler une composition mais une décomposition. C'est un état où les éléments sont en rapport direct les uns avec les autres, sans proportion fixe : une anti-architecture. La physique destructive des éléments, la boue qui conclut le livre X est déjà à l'œuvre dans le livre I. Elle sera conjurée au livre II avec le rejet de l'opus caementicium, c'est-à-dire des amas de béton qui dérogent au bel ordonnancement des blocs bien taillés, mais surtout les bêtes des marécages se verront pourchassées au livre VII qui condamne les monstres des fresques pompéiennes.

[45] I,4,1